Pr.

Pi-Âr

Dafydd Meirion

Argraffiad cyntaf: Hydref 2001

Ⓗ *Dafydd Meirion/Gwasg Carreg Gwalch*

Rhif Llyfr Safonol Rhyngwladol:
0-86381-755-6

Cynllun clawr: Sion Ilar; Ffotograffiaeth: Keith Morris.

Dymuna'r cyhoeddwr gydnabod cymorth
Adran Dylunio Cyngor Llyfrau Cymru.

Argraffwyd a chyhoeddwyd gan Wasg Carreg Gwalch,
12 Iard yr Orsaf, Llanrwst, Dyffryn Conwy, LL26 0EH.
☎ 01492 642031
📠 01492 641502
✉ llyfrau@carreg-gwalch.co.uk
Lle ar y we: www.carreg-gwalch.co.uk

Dychmygol yw holl gymeriadau
a digwyddiadau'r nofel hon.

Pi-Âr

*Cyflwynedig i bawb
sydd wedi gwneud i mi chwerthin
ar hyd y blynyddoedd.*

1. Ta Ta Bi Bi Sî – Helo Pi-Âr

'Tyrd y diawl gwirion!'

Cerddai Gwendolyn yn ôl ac ymlaen yn ddiamynedd y tu allan i gachdy'r dynion.

Curodd y drws.

'Tyrd mae o'n disgwyl amdana ni! 'Dan ni mewn digon o gach yn barod . . . '

Daeth Rhys allan, yn cau ei drwsus, ei wyneb yn wyn fel y galchen.

'Reit, gwranda, gad i mi siarad. Paid ag agor dy geg, dim hyd yn oed i ddeud diolch,' harthiodd Gwendolyn arno.

'Iesu, dwi'n teimlo'n giami,' oedd unig ateb Rhys. 'Dwi'n nyrfys rec – mae gin ofn drwy 'nhin. Mi fyddwn ni allan ar yn tina' . . . '

'Paid â rwdlan, mi 'na i iwsio'n tsiarm. Fedar Dylan Meurig byth wrthod dynas, yn enwedig un efo coesa fath â fi,' meddai Gwendolyn gan godi ei sgert – oedd eisoes yn uchel – yn uwch fyth.

Cerddodd y ddau ar hyd coridorau grym BBC Bangor. Roedd Dylan Meurig i fyny'n unswydd o Gaerdydd i'w gweld. Roedd pethau'n o ddrwg ar y ddau.

Bu Gwendolyn efo'r BBC ers deng mlynedd; yn un o'r prif ohebwyr yn y gogledd – yn y Gymraeg yn bennaf ond gallai droi ei llaw at y Saesneg pe dôi cyfle.

Roedd Rhys wedi gwneud pwl fel athro am rai blynyddoedd cyn dod i'r Bîb. Rhys Huws oedd ei enw llawn – a Huwsles oedd enw'r plant arno. Disgrifiad perffaith. Wnâi o byth brifathro na HMI – ond tybed wnâi o ohebydd newyddion i'r BBC? Roedd ei fam yn adnabod pennaeth newyddion y gorfforaeth ar y pryd. Ei nabod yn dda meddai rhai. Yn rhy dda, meddai eraill. Dyma'r cyfnod pan âi gweinidogion i weithio i'r BBC. Gwraig gweinidog oedd mam Rhys ac roedd hi'n gyfarwydd iawn â rhai mewn swyddi uchel yno. Beth bynnag, mi ddechreuodd ar y gwaelod. Ymchwilydd i raglen radio *Post Canol Dydd* ym Mangor. Symudodd o fawr mewn pum mlynedd. Ond ambell dro câi gyfle i roi'r *Post* ar yr awyr pan oedd y cynhyrchydd wedi mentro i'r *Ship* am gyfarfod golygyddol.

Un o'r adegau hynny a arweiniodd at ddiwrnod duaf darlledu yn y Gymraeg.

Yn rhyfeddol, roedd pob dim wedi mynd fel watsh. Gwendolyn Prydderch oedd yn cyflwyno ym Mangor ac uchafbwynt y rhaglen oedd cyfweliad byw hefo Rhodri Michael oedd yn stiwdio Caerdydd. Roedd Gwendolyn yn benderfynol o gael y gorau ar Rhodri. Doedd ganddi fawr o feddwl ohono – mwy nag oedd ganddi o unrhyw ddyn arall mewn grym.

Pan ddaeth nodau olaf y gerddoriaeth i ben, neidiodd Rhys ar ei draed a rhedeg ati . . .

'Gest ti'r cotsun yna'n do?!'

Roedd Gwendolyn erbyn hyn wedi tynnu ei drych mêc-yp allan ac yn tacluso'i gwallt.

'Wrth gwrs y ces i'r cotsun. Does 'na'r un cwd o wleidydd yn mynd i wneud *rings* rownda' i . . . '

Eisteddai Dylan Meurig o flaen desg enfawr. Edrychai'n gas – yn gasach nac arfer.

Yn ei law, roedd llythyr ac enw Cynulliad Cenedlaethol Cymru arno. O'i flaen roedd Gwendolyn, gwên gadarn ar ei hwyneb, ei choesau wedi'u croesi a'r benglin uchaf rhyw fodfedd uwchlaw'r ddesg. Wrth ei hochr Rhys, yn wyn fel y galchen, chwys yn rhedeg i lawr ei wyneb a glafoerion o ofn yn rhedeg o ochr ei geg.

Annwyl Dylan Meurig,

Fel y gwyddoch, bu i mi yn fy swyddogaeth fel Prif Weinidog Cymru gymryd rhan yn eich rhaglen newyddion Post Canol Dydd *rai dyddiau'n ôl. Ar ddiwedd y sgwrs, cyn i mi gael cyfle i adael y stiwdio, clywais leisiau dau o'ch staff yn fy nhrafod mewn ffordd amhroffesiynol iawn . . .*

'Â i ddim i ddarllen dim mwy. 'Ŷ'ch chi'n gwybod yn iawn beth ddigwyddodd. Mae'n rhaid i mi roi cyfle i chi, yn ôl canllawiau diswyddo'r BBC, i geisio egluro eich sefyllfa. Felly . . . ?'

'Y meic oedd yn gorad . . . ' meddai Rhys, a'r glafoerion erbyn hyn wedi cyrraedd canol y ddesg.

'Hy . . . hy . . . Jôc fach oedd hi Dylan . . . Mae pawb yn cael jôc fach weithia . . . ,' meddai Gwendolyn gan geisio ysgafnhau ychydig ar hwyliau'r pennaeth.

'Jôc, blydi jôc! Ma 'da fi un o ddau ddewis. Un ai i *mi* ymddiswyddo . . . '

'O, peidiwch â gwneud hynny Dylan bach,' meddai Gwendolyn gan geisio gwella'r sefyllfa.

Credai Rhys ei fod yn gweld stêm yn dechrau codi drwy wallt Dylan Meurig wrth iddo weiddi . . .

'Neu . . . i mi ddiswyddo chi'ch dau!'

'Ti,' meddai gan gyfeirio ei fys at Rhys. 'Beth faset ti'n ei wneud?'

Yr unig ateb fedrai Rhys feddwl amdano i gwestiwn mor ddyrys oedd 'Ym . . . ?'

'Na, does yna fawr o ddewis, yn nagoes? Mi roi notis i chi'ch dau. Mae'n siŵr bod 'dach chi wylie i'w cymryd. 'Wyf i eisie chi allan o'r BBC nawr! Y funud hon – am byth! Hwyl fawr!'

'Ond . . . ond . . . Dylan,' cododd Gwendolyn. 'Pwy gei di'n ein lle ni?'

'Mi gaf i ddau fyfyriwr o'r coleg 'ma. Mi fydd rheiny'n fwy

gofalus na chi'ch dau . . . Mae 'dach chi fis o gyflog i ddod, a thri arall os gaewch eich cegau am beth ddigwyddodd. Mi gewch lythyr gan personél yn egluro . . . '

Safai Gwendolyn a Rhys â'u cegau'n agored yn edrych ar lun Sam Jones ar y wal tra cerddai Dylan Meurig allan gan roi clep ar y drws.

'Ff . . . ffy . . . c . . . in . . . h . . h . . h . . el . . . ' chwythodd Rhys rhwng ei ddannedd ac roedd y lliw wedi dychwelyd i'w wyneb.

'Y cwd, y basdad, y . . . y . . . '

Yn amlwg doedd yr un o'r ddau'n hapus â phenderfyniad pennaeth newyddion BBC Cymru.

Doedden nhw ddim am wynebu'u cydweithwyr yn y stafell newyddion. Sleifiodd y ddau allan drwy'r drws cefn. Tynnodd Gwendolyn baced o ffags o'i bag llaw, taniodd un a chymerodd lond ceg o nicotin a mwg.

'G . . g . . gâi un?' gofynnodd Rhys.

'Ti'm yn smocio . . . A chau dy geg, mae angen meddwl . . . '

Ar yr union adeg, cerddodd Rhun Wa allan o ddrws cefn y stafell newyddion. Oedodd. Safodd fel John Wayne. A tharodd anferth o rech. Gyda rhyddhâd ar ei wyneb, yng nghornel ei lygad dde gwelodd y ddau.

'Ew, mae'n ddrwg iawn gen i, wa. Weles i mo chi'ch dau yne.'

'Mae'n amlwg,' meddai Gwendolyn.

'Sut aeth y cyfarfod, wa?' gofynnodd Rhun i geisio cael pwnc trafod arall ar wahân i'r drewdod a wafftiai o amgylch y tri.

'Rydan ni wedi . . . ' ond cyn i Rhys gael gorffen ei frawddeg, torrodd Gwendolyn ar ei draws.

'Rydan ni wedi ymddiswyddo er mwyn dechrau cwmni Pi-Âr,' meddai.

Edrychodd Rhys yn syn arni.

'Duw, da'n de, wa,' meddai Rhun. 'Ma isie rwbeth yn

'rardal yma'n does. Bob lwc i chi'n de, wa. Rhaid i ni gael sesh cyn i chi fynd – dyna 'di'r arferiad yn de.'

'Dim amser, Rhun. Mae gynnon ni lot o waith i'w wneud. Meithrin clients ac ati, ond hwyrach y cawn ni risepshion bach a gwadd bois y wasg draw – datblygu contacts – mi welwn ni chdi'n fan'no . . . '

Cydiodd Gwendolyn ym mraich Rhys a'i dywys tuag at y maes parcio.

'Reit, gen ti ddewis. Mynd ar y dôl neu roi dy bres ridyndansi mewn cwmni Pi-Âr efo fi.'

Doedd ganddo ddim dewis mewn gwirionedd. Yn wir, cyfrai hi'n fraint bod Gwendolyn wedi hyd yn oed ystyried ei gael yn bartner. Roedd Rhys wedi ffansïo Gwendolyn, er ei bod yn hŷn nag o, ers y diwrnod cyntaf y daeth o i'r Bîb. Tybed gâi o jans rŵan i fynd i'r afael â hi? Mi fyddai o'n bartner rŵan – dim rhyw gyw o ymchwilydd . . . ?

'Tyrd, awn ni i Gaernarfon i chwilio am swyddfa.'

O fewn dim, roedd y ddau yn swyddfa Cwmni Caernarfon – corff a geisiai adfer y dref i'w hen ogoniant.

'Ydy Selwyn Morgan i mewn?' gofynnodd Gwendolyn i ferch oedd â chopi o *Bliss* yn agored y tu mewn i adroddiad cynhwysfawr ar adfywio trefol. Heb ateb, pwysodd y ferch fotwm o'i blaen.

'Mr Morgan, mae dynas telifision yma i'ch gweld chi . . . '

'Gwendolyn Prydderch ydy'r enw.'

Mae'n amlwg bod Mr Morgan wedi clywed, ac mi ddaeth llais yn ôl dros yr intercom, 'Be uffar mae'r ast yna ar ei ôl rŵan?'

Plygodd Gwendolyn ar draws y ddesg, rhoddodd ei cheg ger bys y ferch, a sibrydodd, 'Gwendolyn Prydderch *ex*-BBC, rŵan perchennog cwmni Pi-Âr, ac rwyf i a'm cyd-gyfarwyddwr eisiau gair â chi.'

Ymsythodd Rhys; roedd Gwendolyn yn dipyn o ddynes.

Roedd braidd yn betrusgar ynglŷn â mynd i fusnes ar y dechrau, ond wrth glywed Gwendolyn yn ei gyflwyno fo fel *cyd*-gyfarwyddwr, gwthiodd ei frest allan.

Aeth y ddau i fyny'r grisiau. Yno'n eistedd mewn ystafell llawn siartiau, graffiau a sloganau fel 'Pan mae'r mynd yn mynd yn tyff, mae'r tyff yn mynd i fynd', eisteddai Selwyn Morgan.

'Steddwch eich dau. Be alla' i wneud i chi?' gofynnodd.

'Be allwn ni wneud i'n gilydd Selwyn? Gwendolyn gyda llaw a Rhys ydy hwn.'

Aeth Gwendolyn ymlaen. 'Wedi hir drafod ac ystyried, wedi darparu cynllun busnes cynhwysfawr ac astudiaeth ddichonolrwydd manwl, mae'r ddau ohonon ni wedi penderfynu dechrau cwmni Pi-Âr yng Nghaernarfon. Mi gaethon ni gynigion o Gaerdydd, Abertawe . . . ond, na, yma yng Nghaernarfon mae'n lle ni.'

Nodiai pen Rhys fel un ci tegan ar silff ôl car.

'Maen nhw wedi gorffen gwario yn Cardiff Bê, tro Caernarfon Bê ydy hi rŵan. Ac felly yma dan ni'n mynd i fod.'

'Da iawn . . . y . . . Gwendolyn. Da iawn, pobol fel chi'ch dau dan ni isio i godi'r hen dref 'ma'n ôl ar ei thraed.'

'Reit dan ni angen swyddfa. Un o safon wrth gwrs,' meddai Gwendolyn yn sythu o'i flaen.

'Wrth gwrs! Mae gen i'r feri peth i chi. Ail lawr yn Llys Menai, yn edrych allan dros y môr, efo patio bach i gynnal risepshions.'

'Jest be 'da ni isio. A'r rhent?' gofynnodd Gwendolyn.

'Pedwar cant yr wythnos,' meddai Selwyn fel 'tasai o'n sôn am bres peint.

Llyncodd y ddau eu poer ar y cyd fel côr adrodd. Am yr eildro'r diwrnod hwnnw, diflannodd y lliw o wyneb Rhys.

'Efallai ychydig bach yn uchelgeisiol ar y dechrau. Rhywbeth arall? O gwmpas yr . . . yr . . . hanner can punt yma?' gofynnodd Gwendolyn, yn amlwg wedi'i siomi.

'Hmmm . . . dim o'r un safon wrth gwrs, ond mae gynnon ni swyddfa wag uwchben caffi yn Stryd Twll yn y Mur.'

Roedd y siom yn amlwg ar wyneb Gwendolyn ond roedd rhywfaint o liw wedi dychwelyd i wyneb Rhys.

'Yn anffodus, alla' i ddim dod efo chi i ddangos y lle, ond dyma'r goriad i chi gael gweld dros eich hunain.'

'Un peth arall Selwyn. Gwaith,' meddai Gwendolyn cyn derbyn y goriad.

'Gwaith?'

'Gwaith. Contracts. Cytundebau. Mi rydan ni yma yng Nghaernarfon i wneud gwaith Pi-Âr. Dwi'n deall bod gennych chi dipyn o bethau ar fynd yn y dre yma,' meddai Gwendolyn gan wenu a symud yn nes at y ddesg. 'Fysan ni'n cael cynnig pris?'

Roedd Selwyn wedi sylwi bod ei sgert wedi codi rhyw chwe modfedd ers y daeth hi i mewn ac mi fysai'n taeru bod botwm uchaf ei blows wedi agor ohono'i hun.

'Hmmm . . . Ie, wrth gwrs. Oes. Wn i be wna i. Cerwch chi i weld y swyddfa. Dowch yma bore fory i arwyddo'r lês – os bydd y swyddfa'n plesio, wrth gwrs.'

'Bydd, bydd siŵr iawn,' neidiodd Rhys i mewn rhag ofn i Gwendolyn ailfeddwl.

'Ac mi fydda i wedi casglu chydig o sbesifficeshyns i chi.'

'Diolch Selwyn,' meddai Gwendolyn gan estyn ei llaw iddo. Wrth afael yn y goriad gwasgodd Selwyn ei llaw'n dynn.

'Bore fory ta. Tua hanner awr wedi naw?'

'Dyna ni. Bore fory,' ac aeth y ddau allan o'r swyddfa.

Mi roedd yna ddrws du y drws nesa' i *Joe's Diner*. Rhoddodd Gwendolyn y goriad yn y twll. Agorodd y drws a cherddodd y ddau i fyny grisiau. Yno roedd stafell fechan, cegin a thoiled.

'Does 'na'm lle i swingo cath yma,' oedd sylw Gwendolyn â'i hwyneb yn dweud cyfrolau . . .

'Sa'n gneud swyddfa i'r RSPCA felly,' cynigiodd Rhys gan geisio codi'i hysbryd.

'Hanner can punt! O dyna fo, mae'n rhaid i ni neud y gora ohoni. Fyddwn ni ddim yma fawr o dro. Swyddfa a golygfa dros y Fenai – hîyr wî cym.'

Daliai i feddwl am y riseptions ar y patio yn edrych allan dros y môr. Ond mi ddaeth dros ei siom a dechreuodd daflu gorchmynion at Rhys.

'Reit. 'Dan ni angan ffôn. Ffonia Deiniol Tegid. Cyfrifiadur. Mae gin i un adra. Chydig o bosteri o Efrog Newydd a Paris ar y walia. Planhigyn neu ddau o'r tŷ 'cw. Rhywbeth arall?'

'Be am ddesg a chadar?' gofynnodd Rhys.

'Ia. Dwy ddesg. Un fawr i mi – un llai i chdi. Dwi isio cadair yn swiflo. Gei di be lici di. Dan ni angan cadair esmwyth neu ddwy i'r clients . . . ti'n sgwennu'r rhain i lawr yn dwyt?'

'Ym . . . 'sgin i'm papur!'

'Blydi hel! Am ddechra da. Wyt ti isio bod yn bardnar yn y busnas?'

'Oes go iawn, Gwen, oes go iawn . . . '

Tyrchodd i'w bag llaw ac estyn darn o bapur i Rhys. 'Sgwenna nhw i lawr. Reit dy job gynta di ydy cael dodrefn i ni. Lle gawn ni nhw?'

Cofiodd Rhys am yr hysbysebion dodrefn swyddfa o safon oedd ar y teledu bob nos.

'Windsor Office Supplies?' cynigiodd.

'Ia, iawn pan gawn ni symud i Lys Menai. Ond, am y tro – MFI.'

'Iawn, Gwen.'

'Reit, awê ta.'

Tra oedd Rhys ar ei ffordd i lawr y grisiau, gallai Gwendolyn weld yn ei meddwl rai o bobol busnes pwysicaf yr ardal yn eistedd o'i blaen yn yr ystafell. Eu llyfrau siec yn agored bob un. A hithau'n tywallt siampên i wydrau i ddathlu cwblhau pentwr o gytundebau Pi-Âr llwyddiannus.

Daeth Rhys yn ôl. Torrodd ar draws ei breuddwydion.

'Ym, sut dwi'n mynd i dalu am y petha' 'ma?'

'Efo pres 'de.'

''Sgin i'm sentan. Mae hi jest yn ddiwadd mis.'

'Plastig ta! *Access*, *Visa* . . . mae gin ti un o'r rheiny siawns?' gofynnodd yn ddiamynedd.

'Ym, oes. Ond dwi reit at y limit. Ac . . . y . . . y . . . alla i ddim 'u cario nhw beth bynnag yn yr MR2. Does 'na'm lle i ddim ond sbanar neu ddau yn y bŵt.'

'Blydi hel! Mi ofynna i'r gŵr 'na sgin i i fynd ar ôl y gwaith.'

Tynnodd ffôn mudol o'i bag.

'Derec. Gwen yma. Dwi isio chdi 'neud rhywbeth i mi. 'Nei di bicio i MFI i mi ar ôl gwaith. Dyma'r rhestr – dwy ddesg, dwy gadair swyddfa – un yn swiflo, dwy gadair esmwyth . . . ac ym . . . silff lyfrau.'

Gallai Rhys glywed Derec yn gofyn yr ochr arall i'r ffôn i be oedd ei wraig eisiau'r fath bethau.

'Mi wna i egluro i chdi eto. Hwyl.'

Trodd at Rhys. 'Reit. Yma ben bore fory. Cael trefn ar y lle. A dechrau ffonio clients.' Ac allan â'r ddau.

Roedd Rhys wrthi'n cloi'r drws pan welodd Gwendolyn un o ddynion pwysicaf y dref – y Maer – yn cerdded i lawr y stryd.

'Brysia. Tyrd. Mae Dic Llwynog yn fan'cw.'

Rhuthrodd Gwendolyn ar ei ôl efo Rhys yn dynn wrth ei sodlau.

'Mr Llywelyn! Mr Llywelyn! Iw-hw!'

Trodd Dic rownd a'i gweld yn brysio ato. Ceisiodd droi i mewn i siop i'w hosgoi cyn iddi allu'i gyrraedd. Ond yn aflwyddiannus.

'Gwendolyn Prydderch. Be 'dach chi isio heddiw? Pa faw 'dach chi'n mynd i'w daflu at drigolion Caernarfon rŵan? Y?'

'Na, na, Mr Llywelyn. I'r gwrthwyneb. Yma i'ch helpu chi dan ni rŵan.'

'Brenin mawr! Be sydd i'w gyfri am hyn?'

'Wedi gweld y goleuni, Mr Llywelyn bach. Wedi sylweddoli pa mor annheg y bues i hefo chi a'r hen dref annwyl yma,' sebonai Gwendolyn.

Edrychodd Dic Llwynog yn syn arni. Roedd yn gwybod bod Gwendolyn yn hoffi drinc neu ddau – ond gyda'r nos fel arfer.

'Na, mae'r ddau ohonon ni – Rhys Huws ydy hwn gyda llaw – wedi rhoi gorau i'r BBC. Yn anghytuno'n llwyr â'u polisïau nhw. Ac yn mynd i ddefnyddio'n doniau a'n profiad i wasanaethu Caernarfon.'

'Be 'dach chi'n mynd i wneud – sefyll ar y Cyngor?'

'Na, na. 'Dan ni wedi sefydlu cwmni Pi-Âr. Cysylltiadau cyhoeddus Mr Llywelyn. Er mwyn rhoi'r ddelwedd orau o Gaernarfon allan i'r byd.'

'Hmmm. Diddorol iawn,' meddai Dic gan edrych yn amheus arni.

Edrychodd Gwendolyn o'i chwmpas.

'Gwaith anodd mi wn – anobeithiol i rai. Ond pwy gaech chi'n well na ni'n dau sy'n 'nabod y dref fel cefnau'u dwylo.'

'Bosib iawn. Bosib iawn Ms Prydderch.'

'Gwendolyn, Mr Llywelyn bach. Gwendolyn. Reit, lle gawn ni ddechrau dwch?'

Bron na allech chi weld ymennydd Dic yn gweithio dan groen ei ben moel. Gallai weld cyfle i greu argraff ar bwysigion y dref. Edrychodd ar ei watsh.

'Am hanner awr wedi saith heno mae 'na gyfarfod yn y Seling Clyb. Cyfarfod o bobol busnes y dre. Dowch draw ac mi gewch gyfle i'w cyfarfod nhw a sôn am eich menter gyffrous.'

'O diolch. Diolch yn fawr iawn Mr Llywelyn. Ga i'ch galw chi'n Dic?'

'Na chewch. Hanner awr wedi saith. Reit?' a chychwynnodd Dic gerdded i lawr y stryd.

'Iawn. Mi fyddwn ni yno,' gwaeddodd Gwendolyn ar ei ôl.

Yna trodd at Rhys.

'Reit adra. Molcha, shafia. Trôns glân. Siwt. Ocê? Mi wela i di am chwartar wedi saith y tu allan i'r Seling Clyb.

Roedd Gwendolyn yn cael cawod pan ddaeth Derec ei gŵr adref o'r Cyngor Sir. Fel bob noson arall, doedd ei ginio ddim yn barod ond clywai sŵn ei wraig i fyny'r grisiau. Aeth i'r stafell wely. Erbyn hyn, roedd Gwendolyn yn ymbincio o flaen y drych â'i siwt orau'n gorwedd ar y gwely.

'Mynd i rywle?' gofynnodd Derec.

'Ydw. Cyfarfod pwysig heno.'

'I be tisio'r dodran swyddfa 'ma. Ydy hi'n fain ar y BBC?'

'Na. Dwi'm yn gweithio i'r BBC mwyach.'

Agorodd Derec ei geg yn syn.

'Dwi wedi dechra' cwmni'n hun. Cwmni Pi-Âr.'

Tra oedd hi'n cael cawod, roedd Gwendolyn wedi cael cyfle i feddwl am enw i'r cwmni.

'Seiont Pi-Âr i chdi gael gwybod. Dyna di enw fo. Mae gin i un aelod o staff yn barod. Y Rhys 'na sy' . . . oedd yn gweithio yn y BBC. Mae o wedi joinio fi. A dwi isio help gin ti i gael gwaith o'r cyngor cofia! Cadwa dy glustia'n gorad. A mi rydan ni isio'r desgia a phetha ar gyfer y swyddfa newydd yn . . . yn . . . Stryd Twll yn y Mur. Lle delfrydol. Reit ynghanol yr hen dre. A mae gen i gyfarfod pwysig heno hefo bobol busnas y lle yma yn y Seling Clyb. Gest ti'r petha o MFI?'

'Na, dim eto. Â i i'w nôl nhw ar ôl cael rhywbeth i'w fwyta.'

'Sa'n well i ti fynd rŵan. Mae MFI yn cau mewn munud. Cer â 'nghar i. Mi fyddan nhw'n barod i mi at y bora wedyn,' meddai gan gychwyn i lawr y grisiau.

'Reit ta, Gwen. Faint o'r gloch fyddi di adra?'

'Duw a ŵyr. Hwyl . . . '

Roedd Gwendolyn yn pwyso ar y wal ger y Clwb Hwylio yn edrych allan dros y Fenai pan gyrhaeddodd Rhys. Trodd ato.

'Dyw, ti'n edrach reit daclus am unwaith.'

Cochodd Rhys. Roedd cael canmoliaeth gan Gwendolyn Prydderch yn beth anarferol iawn.

'Mi rwyt ti'n smart iawn hefyd, Gwendolyn,' meddai wrthi.

Nesaodd Gwendolyn ato. Am un funud mi roedd Rhys yn meddwl ei bod am ei gusanu. Cynhyrfodd drosto.

'Ti 'di bod yn yfad yn do'r diawl bach!'

'Dim ond un. Dytsh cyrej. Fedra 'im gwynebu bobol bwysig dre heb gael un bach. 'Mond hannar peint ges i.'

'Wel, byhafia dy hun yn y Seling Clyb. Dyma'n cyfle cynta ni – a'r ola os na wnawn ni argraff dda heno. Ti'n clywad? Dim yfad yn wirion a gneud llanast! Dim i'r BBC 'dan ni'n gweithio rŵan.'

Erbyn hyn, roedd pwysigion Caernarfon yn araf ymlwybro tua'r Clwb – fel arfer yn barau, yn dwys drafod rhai o faterion mawr y dref.

'Yli, pwy sy' fan'na. Wil Cîp-e-Welcym. Mae hwnna werth 'i bres ac yn gwario dipyn ar ddenu ymwelwyr i'w westy 'swn i'n meddwl . . . a Richards Cotshis. Mae hwnna isio dipyn o Pi-Âr i lenwi'i dripia' bob blwyddyn,' meddai Gwendolyn gan arogli arian o bell.

Roedd Rhys wedi clywed am y bobol hyn mewn sgyrsiau yn *Y Darian Fach* a phan fyddai angen rhai o hoelion wyth y dref i siarad ar raglenni'r BBC. Ond dyma'r tro cyntaf iddo'u gweld yn y cnawd. Yn amlwg, mi roedd Gwendolyn wedi dod ar draws pob un ohonyn nhw yn ei thro.

Wedi i'r olaf fynd i mewn, sleifiodd Gwendolyn a Rhys i gefn ystafell fawr y clwb. Yno ar ei draed yn annerch y gynulleidfa roedd Dic Llywelyn.

'. . . Mae'n amlwg mai un o'n blaenoriaethau ni yma yng Nghaernarfon ydi codi delwedd y lle yma. Cael straeon da ym mhapurau newydd y wlad ac ar donfeddi ein gwasanaethau radio a theledu. Ac i'r perwyl hwnnw rwyf wedi cymryd arnaf fy hun i wahodd un sydd wedi penderfynu sefydlu cwmni Pi-Âr – cysylltiadau cyhoeddus – yma yn y dref.' Gwthiodd ei fraich allan a chyfeirio'r gynulleidfa at y ddau yn y cefn.

Trodd pawb i'w cyfeiriad. Agorodd rhai eu cegau mewn

syndod. Eraill yn cuddio tu ôl i'r agosaf atynt – arferiad na ellid yn hawdd ei hepgor wedi blynyddoedd o erlid gan un o newyddiadurwyr mwyaf didostur y gorfforaeth.

'Ie. Ms Gwendolyn Prydderch, cyn-aelod blaenllaw o'r BBC ym Mangor a wyneb cyfarwydd ar setiau teledu'r wlad. Mae hi yma – nid i'n pardduo y tro hwn – ond i roi cymorth i ni. Potsiar wedi troi'n gipar fel petai. Dowch ymlaen, Ms Prydderch.'

Doedd gan y pwysigion ddim syniad sut i ymateb i hyn. A ddylid clapio? A ddylid curo'i chefn fel un oedd wedi newid ochr? Ond yn amlwg, mi roedd yna ryddhad fod Gwendolyn Prydderch ar eu hochr nhw erbyn hyn.

Cyn cerdded i fyny ar y llwyfan, roedd Gwendolyn wedi codi ei sgert gymaint ag oedd yn weddus ac o ble safai'r dynion, roedd ei gwefusau fel petaent wedi'u goleuo gan yr adlewyrchai strip-leiting y clwb ar ei lipstic. Roedd wedi dal sylw pawb.

'Gyfeillion, pleser o'r mwyaf ydi dod yma ger eich bron i sôn am y gwasanaethau y gall fy nghwmni Pi-Âr – Seiont Pi-Âr gyda llaw ydy'r enw – eu cynnig i chi . . . '

Roedd Rhys wedi bod yn edrych o'i gwmpas gan geisio gweld a oedd y bar yn agored pan glywodd enw'r cwmni. 'Mm, enw da iawn,' meddai wrtho'i hun.

Roedd Gwendolyn wedi hen arfer dal cynulleidfa, ac roedd y lle'n hollol dawel ar wahân i ambell 'Jest be dan ni isio', 'Mi geith hi waith gen i' a 'Mae hon yn gwybod be mae hi'n 'neud'.

'. . . Ac felly gyfeillion mi rydw i yma heno am weddill y noson i ateb unrhyw gwestiynau sydd gennych. Diolch yn fawr iawn.'

Torrodd y pwysigion allan i glapio. Gallent yn barod weld y penwadau. Yn hytrach na *'Caernarfon resembles Sarajevo'* ond *'Caernarfon – the north Wales boomtown';* yn lle *'Visitors leave castle town in disgust'* – *'Film stars make Caernarfon their holiday choice'* . . .

Roedd Gwendolyn erbyn hyn wedi cyrraedd i'w canol ac roedd y bar wedi agor.

'Be 'dach chi'n yfed Ms Prydderch?' gofynnodd Dic Llwynog, yn amlwg wedi'i blesio gan berfformiad Gwendolyn.

'Gwendolyn plîs, Mr Llywelyn! A jin an tonic, plîs. Diolch.'

Dôi'r llongyfarchiadau o bob cyfeiriad; yr un modd y jin an' tonics. Doedd Rhys ddim wedi cael gwahoddiad i'r canol ac felly roedd yn pwyso ar y bar efo'i beint o Carling.

Roedd yn gwrando ar y siarad a'r chwerthin o ganol y stafell ac yn syllu i mewn i'w beint pan glywodd lais wrth ei ochr.

'Aelod ŷch chi 'ma te ŷch chi 'da'r bobol busnes?'

Dyw, Hwntw yng Nghaernarfon! Trodd i'r dde ac yno roedd merch ychydig fengach nag o, ac yn amlwg ddim yn ffitio i'r criw ynghanol y stafell.

'Na, dwi'm yn aelod o'r Seling Clyb. 'Sgin i'm cwch. Fwy na 'sgin y rhan fwya o'r aeloda' ma'n siŵr. Dod yma am bod lysh yn rhatach maen nhw.'

'O, ŷch chi'n ddyn busnes felly?'

'Na . . .'

Yn sydyn, cofiodd ei fod yn bartner efo Gwendolyn yn y . . . y . . . Seiont Pi-Âr.

'Y . . . y . . . ydw . . . ers bora 'ma. Dwi'n bartnar efo'r ddynas 'na sy'n canol 'na a phawb yn gneud ffŷs mawr ohoni.'

'O, y fenyw Pi-Âr?'

'Ia, 'na fo. Roeddan ni'n gweithio hefo'n gilydd yn y BBC ac mi gaethon ni sa . . . y . . . 'naethon ni benderfynu dechra busnas Pi-Âr.'

'O, da iawn. Sian 'y fi gyda llaw. Sian Heledd. A chithe?'

'Rhys, Rhys Huws. Be 'dach chi'n 'neud felly?'

'O fi newydd ddechre ar job newydd. Fi'n gyfrifol am y ganolfan gelfyddyde sy newydd agor lawr yn y cei.'

'O ia, yn yr hen glwb rygbi?'

''Na fe. Ŷch chi'n brofiadol iawn te os ŷch chi wedi bod yn gweithio 'da'r BBC?'

Rarglwydd, mae hon yn fforward iawn meddai Rhys wrtho'i hun, ond yn sydyn sylweddolodd mai sôn am waith oedd hi.

'Wel . . . dim ond . . . ydw, ydw profiadol iawn.'

'Mae 'da fi byjet bach ar gyfer cyhoeddusrwydd a marchnata – so fe'n lot o arian i weud y gwir. Oes 'dach chi syniade i mi?'

Yn wir, roedd Rhys wedi dechrau cael syniadau. Dim rhai Pi-Âr yn wir.

'Ym . . . oes. Na, na . . . dyw, ella fod gin i. Rhaid i mi ga'l amsar i feddwl.'

'Be am i chi ddod i 'ngweld i ben bore fory?'

'Ia, grêt, grêt. Ydach chi isio rwbath i'w yfad?' meddai Rhys yn cael blas ar ei gyfarfod busnes cyntaf.

'O, diolch. Gwin gwyn os gwelwch yn dda.'

Cyn i Rhys gael amser i archebu diod iddo fo a Sian, mi ddaeth Gwendolyn heibio ar y ffordd i'r tŷ bach.

'Hei, chdi. Be' am chydig o help? 'Sa'n well i ti fod efo fi'n gneud dipyn o fusnas yn lle mynd ar ôl merchaid,' meddai wrth rowlio heibio.

'Ia, ddôi yna rŵan.'

Ond chlywodd Gwendolyn mohono. Roedd wedi cerdded yn syth i un o stolion y bar ac wedi landio ar lin Dic Llwynog gan daflu'r gwydrau oddi ar y bwrdd o'i flaen. Unwaith y daeth Dic dros ei sioc, doedd cael Gwendolyn ar ei lin ddim yn deimlad rhy anghyffyrddus.

'Mae'n ddrwg iawn gen i Mr Llywelyn. Dydy'r stolion 'ma mewn llefydd gwirion dwch?'

'Peidiwch â phoeni, Gwendolyn bach. Steddwch chi yma. Dyma gyfle iawn i drafod busnes efo fi a Jac.'

Roedd Gwendolyn mewn cyfyng gyngor. Ddylai hi ufuddhau i ddymuniad Dic a meithrin perthynas agosach ag o? Ond rhoddodd ei bladyr yr ateb iddi.

'Mr Llywelyn bach, gymaint fyswn i wrth fy modd yn eistedd ar eich glin, mae'n rhaid i mi fynd i'r lêdis.'

Teimlai Dic mai gwell fyddai'i rhyddhau.

Roedd Rhys yn mwynhau siarad â Sian. Roedd hi'n hogan reit smart. Dim styning. Ond mi roedd yna rywbeth o'i chwmpas. Ac am ychydig, roedd Rhys wedi anghofio am Gwendolyn.

''Se'n well i chi fynd at eich partner nawr. Mae'n rhaid i mi fynd. Wela i chi bore fory te.'

'Ia . . . ia . . . iawn grêt. Hwyl,' meddai Rhys yn teimlo'n llanc.

Wow, meddai wrtho'i hun. Cododd beint arall cyn mentro i'r canol. Erbyn hyn roedd Gwendolyn yn cael chydig o drafferth i sefyll i fyny'n iawn. Roedd y jin an' tonics yn dal i ddod o bob cyfeiriad. Hefyd, ddwylo rhai o'r pwysigion.

'O Mr Jones bach, peidiwch . . . '

Ceisiai Gwendolyn fod mor neis â phosib. Ond mi roedd yr hen ddynion budr bron yn mynd yn drech na hi. Roedd ei hwyneb yn dweud hynny.

Doedd Rhys yn cael fawr o sylw. Doedd neb yn cynnig diod iddo a doedd ganddo fawr o arian ar ôl. Felly sleifiodd yn araf allan drwy'r drws. Pwysodd ar y wal y tu allan i'r clwb gan syllu ar y lleuad yn taro'i lun dros y dŵr. Clywai lais Gwendolyn yn dod drwy un o ffenestri'r clwb yn uwch na'r gweddill.

Mi ddaw 'na lot o fusnas wedi'r perfformiad yna, siŵr Dduw, meddyliodd a chychwynnodd ar ei ffordd adref i'w fflat yn Twtil.

2. Gormod o Bwdin

Cododd Rhys tua naw o'r gloch yn ôl ei arfer. Roedd Sian yn dal ar ei feddwl. Efallai y câi o jans eto – dim ond noson gynta oedd neithiwr. Dydy genod neis ddim am rannu gwely hefo hogia Caernarfon ar noson gynta, siŵr Dduw.

Dyna oedd yn mynd trwy'i feddwl wrth iddo gael paned o goffi du. Dim am fod yn well ganddo goffi du, ond am nad oedd yna lefrith yn ei fflat. Edrychodd yn y drych. Diolch byth 'mod i heb gael llawer o lysh neithiwr ne' fyswn i byth yn gallu mynd i gyfarfod busnes mor gynnar â hyn, meddai wrth ei hun. Aeth allan drwy'r drws dan chwibanu.

Brysiodd ar draws y Maes ac i lawr i'r Cei. Aeth i mewn i'r hen glwb rygbi – Canolfan Gelfyddydau'r Cei erbyn hyn – ac yno'n siarad efo un neu ddau o'r ymwelwyr yr oedd Sian. Oedd, roedd hi'r un mor ddel â neithiwr. Pesychodd i gael ei sylw.

'Su' mai? Ti'n o lew?'

'A Rhys, shwt ych chi?'

'Iawn, diolch.'

Trodd Sian at yr ymwelwyr i ofyn iddyn nhw ei hesgusodi ac arweiniodd Rhys i'w swyddfa yng nghefn yr adeilad.

'Ŷch chi'm gwa'th ar ôl nithwr?' gofynnodd.

'Na, na. 'Nes i'm aros yno'n hir. Es i am adra.'

'Reit te, ychydig o waith. Mae dan ni gerflunydd o fri'n dod yma o Wlad Pwyl ymhen dau fish – Stanislav Wlecicz. Mae Cyngor y Celfyddyde wedi rhoi arian i ni 'i ga'l e 'ma a hefyd i roi cyhoeddusrwydd iddo fe tra mae fe yma.'

'O da iawn. Cerflunio be mae o?'

'O pethe haniaethol iawn. Mae'r creithie diwydiannol i'w gweld fel themâu'n rhedeg drwy'i waith e.'

'O . . . da iawn.'

'A ma fe'n siarad rhwfaint o Gymrag 'fyd.'

'O!?' meddai Rhys mewn syndod.

'Ma fe 'di bod yn astudio'r ieithoedd Celtedd ym Mhrifysgol Warsaw.'

'O, handi iawn.'

Roedd Rhys yn cael gryn drafferth i wrando ar be oedd gan Sian i'w ddweud. Roedd ei feddwl ar bethau eraill.

'Ŷn ni angen datganiade i'r wasg i ddechre. Rwy'n siŵr y gellwch chi drefnu i'ch cyfeillion ddod draw o'r BBC i gyfweld Stanislav?'

'O, siŵr iawn.'

'Mae gen i rywfaint o fanylion amdano fe'n rhywle. Ges i'm cyfle i'w hestyn y bore yma. Ellwch chi ddod yn ôl ddiwedd y pnawn? Mi fydda i wedi'u ca'l nhw erbyn hynny?'

'Wrth gwrs . . . wrth gwrs,' meddai Rhys, yn gweld cyfle arall i fod yn ei chwmni.

Aeth i'w drôr ac estynnodd un o'i chardiau iddo – *Sian Heledd, Canolfan Gelfyddydau'r Cei, Caernarfon.*

'Yy . . . yy . . . diolch Sian,' a rhoddodd y cerdyn yn ei boced.

'Oes dat ti garden, Rhys?' gofynnodd â'i llaw allan.

'Ymm . . . y, na dim eto. Newydd ddechra rydan ni'n de. Mi gewch chi un pan gawn ni rai – y . . . chi fydd y cynta' i gael un.'

Estynnodd Sian ei llaw iddo. Roedd Rhys am ei hysgwyd ond roedd yn cael ei dal braidd yn uchel ac ar ei gwastad. Sylweddolodd mai eisiau iddo gusanu'i llaw oedd Sian. Rhwbiodd Rhys ei geg gynta gyda'i lawes ac yna rhoddodd sws i'w llaw gan geisio edrych i'w llygaid yr un pryd.

'Hwyl fawr te, Rhys.' Roedd o wedi gafael braidd yn rhy hir yn ei llaw.

'Y . . . y . . . ia, hwyl. Wela i chi eto ddiwadd pnawn.'

Edrychodd ar ei watsh – roedd bron yn un ar ddeg. Esu, roedd amser wedi mynd yn sydyn. Cerddodd draw am swyddfa Cwmni Caernarfon. Doedd dim golwg o Gwendolyn. Mae'n rhaid ei bod hi mewn yna'n barod meddai wrtho'i hun.

Aeth i mewn. Roedd y ferch y tu ôl i'r ddesg yn dal i ddarllen ei chylchgrawn.

'Ydy Gwendolyn Prydderch yma?'

'Be, y ddynas telisfision yna? Na 'di del.'

Aeth draw i Stryd Twll yn y Mur. Doedd dim golwg ohoni. Roedd drws *Joe's Diner* yn agored. Cerddodd i mewn. Archebodd baned o goffi a darn o dôst ac eisteddodd wrth fwrdd ger y ffenest.

Erbyn hyn roedd hi'n hanner awr wedi un ar ddeg. Aeth yn ôl i swyddfa Cwmni Caernarfon. Roedd y ferch yn dal â'i thrwyn yn ei chylchgrawn a doedd yna ddim golwg o Gwendolyn.

Penderfynodd fynd draw i'w thŷ. Cerddodd draw am Ffordd Bangor lle'r oedd yr iypis a'r cyfryngis a'r cyfoethogion i gyd yn byw. Roedd ei char yn y dreif ac roedd llenni'r ystafelloedd gwely i gyd ar gau. Canodd y gloch. Disgwyl. Dim ateb. Canodd eilwaith a thrydedd gwaith. Yn y man, clywodd sŵn yr ochr arall i'r drws.

Wedi rhai eiliadau o sŵn ymbalfalu agorodd y drws. Yn hytrach na'r Gwendolyn smart, hunan-hyderus, popeth yn ei le . . . yno safai . . . drychiolaeth!

'B . . . b . . . be sy wedi digwydd?' gofynnodd Rhys o weld y golwg arni.

'Tyrd mewn, brysia. Dwi'm isio pawb 'ngweld i fel hyn.'

Camodd Rhys i'r tŷ. Dilynodd hi i'r gegin.

'Sut aeth hi neithiwr?' Roedd Rhys yn gwybod fod hwn yn gwestiwn gwirion fel yr oedd yn ei ofyn.

'Y blydi Seling Clyb yna! Roedden nhw'n taflu diod i mi o

bob cyfeiriad. Fedrwn i mo'u gwrthod nhw a finna'n trio'u impresio nhw.'

Roedd Gwendolyn yn stryffaglu hefo'r tecell. 'Gwna banad i mi gael ista lawr. Mae'r lle yma'n mynd rownd fel top,' gorchmynodd gan estyn am y gadair agosaf. Pesychodd a rhoi ei llaw ar ei brest. 'A dwi'n mynd i roi'r gora i'r sigarets 'ma hefyd,' meddai gan chwilio ym mhoced ei dressing gown am baced. Ond doedd yr un yno.

'Gest ti rywfaint o fusnas 'ta?' gofynnodd Rhys.

'O mi ddaw. Lot o lîds 'de. Doeddach chdi ddim help yn nag oeddat. Mynd yno i hel merchaid wnest ti.'

'Na, na. 'Nes i gyfarfod Sian.'

'O dyna 'di enw honna oeddat ti'n llygadu yn y bar.'

'Ie, a dwi wedi bod yn 'i gweld hi bora 'ma – i drafod busnas,' meddai Rhys gan deimlo'n dipyn o foi.

Edrychodd Gwendolyn yn amheus arno.

'Hi ydy rheolwr y ganolfan gelfyddyda' 'na i lawr yn Cei. A dwi isio mynd yn ôl yna pnawn 'ma – mae gin hi job i ni.'

'O da iaw . . . Blydi hel . . . o mae mhen i'n brifo. O . . . da iawn wir . . . Mae gin i lwyth o gardia busnas yn fy hanbag yn rhywle . . . Mi awn i ni ar 'u hola' nhw nes ymlaen heddiw . . .'

'Oeddan ni i fod yn swyddfa Cwmni Caernarfon am un ar ddeg,' meddai Rhys yn betrusgar.

'Faint o'r gloch ydy hi rŵan?' Edrychodd Gwendolyn ar ei garddwrn. Doedd dim golwg o'i watsh.

'Mae hi wedi troi hannar dydd.'

'Blydi hel. Yli, rho rhyw 'chydig i mi gael dod at fy hun. Mae goriad y car ar bwrdd yn fa'na. Mae'r stwff MFI ynddo. Cer â nhw i'r swyddfa. Mi ddo i draw yn nes ymlaen.'

Unwaith roedd Rhys wedi gadael, aeth Gwendolyn at y drych. Doedd pethau ddim yn edrych yn rhy dda. Roedd ganddi glais mawr ar ochr ei hwyneb. Fanna daris i pan hities i ochr y bwrdd, meddai wrth ei hun. Roedd ei lipstic wedi ei daenu ar draws hanner isaf ei hwyneb. Ac er nad oedd yn teimlo'n rhy dda, daeth gwrid yn ôl i'w bochau wrth iddi gofio iddi fod yn snogio hefo Jones Bwtsiar wedi i hwnnw ofyn iddi oedd hi eisiau tamaid o gig. O, mai god! Teimlodd yn oer drosti wrth gofio'r pethau roedd hi wedi'i ddeud yn y Seling Clyb.

Ond doedd Gwendolyn ddim yn un i feddwl yn hir am be oedd wedi digwydd. Edrych ymlaen at be oedd yn mynd i ddigwydd oedd hi bob amser. O leiaf, meddai wrth ei hun, mi ddois i nabod y bobol iawn yn dre 'ma. Rhai'n dda iawn!

Y cardia busnas! Aeth i'w handbag. Doedd yr un yno, yn wir, doedd dim byd yno. Yna cofiodd sut yr oedd wedi syrthio oddi ar un o stolion y bar ddiwedd y nos – ynta dechrau'r bore oedd hi? – ac roedd ei bag a'i gynnwys wedi hedfan i bob cyfeiriad. O, mai god!

Doedd Rhys ddim wedi dreifio car mor fawr â'r Audi o'r blaen a châi gryn drafferth i'w gael i fyny'r lôn gul at ddrws y swyddfa. Ac ar ben hynny, daeth Gordyn y Wardyn ato. Wedi hir esbonio mai dadlwytho oedd o; mai car ei bartner busnes oedd yr Audi ac na fyddai'n hir iawn, cafodd lonydd gan Gordyn.

Doedd cario dwy ddesg a phedair cadair – er eu bod yn ddarnau mewn bocsus – ddim yn waith hawdd. Wedi gorffen, parciodd y car mewn stryd gyfagos ac aeth yn ôl i'r swyddfa i ddisgwyl Gwendolyn.

O fewn dim roedd wedi cyrraedd – yn bowdwr ac yn baent i gyd. Yn wir, teimlai Gwendolyn ei bod wedi gwneud joban go lew o guddio marciau'r noson gynt.

Edrychodd ar y bocsus ar y llawr. 'Wel?'

'Wel be?' gofynnodd Rhys yn syn.

'Pa bryd wyt ti am roi'r petha 'ma wrth ei gilydd?' meddai Gwendolyn gan bwyntio atynt.

'Y . . . y . . . 'sgin i'm sgriwdreifar.'

'Mae yna un ym mwt 'y nghar i. Ond dwi angan panad gynta,' meddai Gwendolyn yn dechrau teimlo'n benysgafn unwaith eto.

Roedd Rhys reit llwglyd erbyn hyn hefyd ac mi aeth y ddau i *Joe's Diner*. Nid at y ffenest y tro yma, ond yn ddigon pell o olwg pobl oedd yn debyg o basio.

Allai Gwendolyn ond stumogi paned o goffi a darn o dôst, ond mi roedd Rhys yn llwglyd a chymrodd micsd gril. Pan welodd Gwendolyn yr ŵy melyn yn nofio ynghanol y saim, daeth cyfog gwag drosti. Tarodd olwg frysiog o gwmpas y caffi, cododd ac aeth yn syth am y tŷ bach.

Erbyn iddi ddod yn ôl, roedd plât Rhys bron yn wag. Teimlai rywfaint gwell, a gallodd orffen y baned a'r tôst heb ormod o drafferth.

Roedd Rhys eisiau dweud hanes Sian wrthi. Ond allai o ddim dweud gormod. Roedd o'n dal i rhyw ffansïo Gwendolyn – ond mi roedd o'n gwybod nad oedd ganddo obaith. Mi roedd gan Caernarfon Town fwy o obaith ennill Cwpan Ewrop. Na, mi roedd am ganolbwyntio ar Sian.

Tair punt saith deg pump oedd y bil, ond pan aeth Rhys i'w boced, doedd ganddo ond dwybunt. Ac roedd handbag Gwendolyn yn wag.

'Ym, esgusodwch fi,' meddai Gwendolyn â'i bys i fyny'n yr awyr. Cerddodd y perchennog ati. 'Gwendolyn Prydderch ydy'r enw a dyma Rhys Huws fy mhartner. Mae'r ddau ohonon ni newydd ddechrau busnes Pi-Âr – Seiont Pi-Âr gyda llaw – yn y dre 'ma . . . yn y swyddfeydd uwch eich pen.'

'O cro-es-o i chi'ch dau,' meddai Giovanni yn ei Gymraeg gorau.

'Mi fyddwn ni angan entertenio clients bob hyn a hyn a meddwl oeddwn i a fyswn i'n gallu bwcio'r lle yma ar gyfer pethau felly?'

'Wrth cwrs, wrth cwrs,' meddai Giovanni gan rwbio'i ddwylo.

'Ydach chi'n cymryd *credit cards* yntai allwn ni agor acownt yma?' gofynnodd Gwendolyn yn teimlo'n reit hyderus erbyn hyn ar ôl y tôst a'r coffi.

'Na, dim yn cymryd credit cards. Ond mi cewch chi acownt. Giovanni ydy'r enw,' meddai gan estyn ei law.

Amneidiodd Gwendolyn mai Rhys ddylai ysgwyd llaw Giovanni.

'Dyna ni ta . . . Giovanni. Rhowch chi hwn i lawr ar yr acownt rŵan ac mi welwn ni chi'n amal o hyn allan.'

Plygodd Giovanni ei ben mewn hanner ymgrymiad a dal ei fraich allan fel y cerddai'r ddau drwy'r drws.

'Whiw, roedd honna'n agos,' meddai Rhys dan ei wynt.

'Mae'n rhaid i ni sortio'r busnas pres 'ma. Mi â i at Evans y banc i ddeud mod i wedi colli nghardia' credyd ac i drefnu agor cyfri banc i Seiont Pi-Âr,' meddai Gwendolyn gan edrych ar ei hun yng ngwydr ffenest Joe. 'Mae'n rhaid i mi brynu chydig o betha i lenwi'n handbag hefyd. Wna i'n iawn i fynd i weld dyn y banc, Rhys? Dos di i roi'r petha' MFI wrth ei gilydd ac mi ddoi'n ôl efo llyfr siecs gyda hyn.'

Aeth Rhys i fyny'r grisiau. Safodd ar ganol llawr y swyddfa hefo sgriwdreifar yn ei law yn edrych ar y pentwr bocsus. Rhoddodd ei law yn ei boced. Yno roedd cerdyn Sian. Sticiodd o ar y wal o'i flaen, ac er mwyn ceisio anghofio am yr orchwyl ddiflas o roi'r dodrefn wrth ei gilydd mi edrychai ar y cerdyn bob hyn a hyn.

Wedi hir a hwyr a llawer o regi, roedd popeth yn ei le. Roedd pethau'n edrych yn well yn barod. Clywodd Gwendolyn yn dod i fyny'r grisiau.

'Dyma ni, llyfr siecs a chyfri busnes yn y banc.'

Edrychodd Gwendolyn o'i chwmpas.

'Hmmm . . . ie, mi wnaiff y tro am rŵan mae'n siŵr. Mi gymra i'r ddesg yna wrth y ffenest a'r gadair swiflo wrth gwrs. Reit, gen i job arall i ti. Mi bicies i adra ar ôl bod yn y banc ac mae nghyfrifiadur i yn y car a rhyw blanhigyn neu ddau. Dyma'r goriad. Cer i nôl nhw i mi.'

Eisteddodd Gwendolyn yn y gadair swifl. Troi i'r dde a throi i'r chwith. Cododd ei thraed ar y ddesg fel y gwelodd ddynion busnes pwerus yn ei wneud mewn ffilmiau. Ond teimlodd nad oedd hyn yn weddus i ddynes mewn sgert, a phenderfynodd mai gorau fyddai eistedd yn ôl, ei chefn yn syth a'i dwylo ar y ddesg.

Clywodd Rhys yn chwythu wrth ddod i fyny'r grisiau. Neidiodd o'i chadair er mwyn dweud wrtho lle i roi'r cyfrifiadur.

'Ar y ddesg yna fan'na. Fy nesg i.'

Roedd wyneb Rhys yn goch a'i freichiau fel rhai gorila bron â chyrraedd y llawr. Brasgamodd tuag at y ddesg a gosododd y cyfrifiadur arni.

Gyda sŵn fel brethyn yn rhwygo, mi blygodd y ddesg at allan a disgyn yn ddarnau ar y llawr.

'Fy nghyfrifiadur! Fy nesg! Y basdad gwirion! Elli di 'neud rhywbeth yn iawn? Tyrd â'r sgriwdreifar yna yma. Cer i nôl y planhigion o'r car. Mi wna' i osod y blydi ddesg yma'n iawn.'

Roedd Gwendolyn â'i thin i fyny'n yr awyr yn darllen y cyfarwyddiadau pan ddaeth Selwyn Morgan Cwmni Caernarfon i mewn. Safodd ar ben y grisiau'n edmygu'r olygfa. Roedd chwys ar ei dalcen ond nid oherwydd iddo gerdded i fyny'r grisiau.

'Rhyw dwll din o le ydy hwn braidd ynde,' meddai heb feddwl.

Neidiodd Gwendolyn gan roi ei llaw dros ei phen ôl.

'Ond be 'dach chi'n ddisgwyl am hanner canpunt,' ychwanegodd Selwyn.

'O, Selwyn chi sy'na. Shit! Mi roeddwn i fod yn eich swyddfa'r bora 'ma 'n doeddwn?'

'Peidiwch â phoeni Gwendolyn. Mae'r cytundeb gen i yn fan'ma.'

Roedd Selwyn ar fin eistedd ar y ddesg arall.

'Peidiwch!'

Neidiodd Selwyn.

'Mae'n ddrwg gen i. Dydy'r desgiau 'ma ddim fel rhai

erstalwm yn nac ydyn,' meddai Gwendolyn tra'n pwyso'n ysgafn ar y ddesg gyda'i llaw. 'Ydy, mae hi'n iawn rŵan.'

'Reit, arwyddo fan hyn. Chi a'ch partner. Ydy o yma heddiw?' gofynnodd Selwyn gan agor y ddogfen ar y ddesg.

'Ydy, mi fydd o yma unrhyw funud.'

Roedd Selwyn yn chwilio'i boced am feiro.

'Beiro Selwyn?' Aeth Gwendolyn i'w bag. Doedd dim yno, wrth gwrs. Roedd popeth ar lawr y Seling Clyb.

Roedd yn cymryd arni edrych yn nrôr y ddesg pan ddaeth Rhys i'r ystafell.

''Sgen ti feiro Rhys?'

Aeth yn syth i boced ei siaced a thynnu beiro ac arni Jonsi – Radio Cymru. Arwyddodd y ddau'r cytundeb.

'Ynglŷn â chydig o waith i'r cwmni . . . ,' meddai Selwyn wrth roi'r ddogfen yn ei boced.

'Seiont Pi-Âr, Selwyn. Dyna'r enw.'

'Hmm . . . da iawn. Ie, ynglŷn â gwaith. Mae gynnon ni gynhadledd ar adfywio canol trefi yng Nghaernarfon ymhen mis. Fysach chi'n licio gwneud dipyn o Pi-Âr ar gyfer hwnnw?'

'Wrth gwrs, Selwyn. Wrth gwrs,' meddai Gwendolyn yn wên i gyd.

'Mae gynnon ni ddeg mil i'w wario. Tynnwch chi restr allan o sut fysach chi'n gwario'r arian yma. Taflenni, posteri, arddangosfa fechan, datganiadau i'r wasg ac ati.'

'Siŵr iawn. Siŵr iawn, Selwyn. Erbyn pa bryd?'

'Mor fuan â phosib, wrth gwrs.'

'Wrth gwrs. Diolch yn fawr iawn.'

Estynnodd Selwyn ei law allan i Gwendolyn. Gafaelodd hi ynddi a'i hysgwyd. Ond mi roedd Selwyn yn hoffi cyffyrddiad ei llaw ac mi barodd y ffarwel ychydig hirach nag oedd Gwendolyn yn ei hoffi.

'Hwrê! Gwaith!' meddai Rhys unwaith yr oedd Selwyn wedi gadael yr ystafell.

'Dwi'm yn siŵr os dwi'n licio'r sglyfath . . . ' meddai

Gwendolyn gan ailafael yn y dasg o roi'r ddesg wrth ei gilydd.

'Hei, mae'n rhaid i mi fynd i weld Sian,' meddai Rhys wrth edrych ar ei watsh.

'Dos di ac mi ga' i drefn ar y lle yma.'

Brysiodd Rhys unwaith eto ar draws y Maes ac i lawr i'r Cei. Roedd Sian yn eistedd wrth gownter y Ganolfan.

'Su' mai? Ti'n o lew erbyn hyn?' gofynnodd.

'A Rhys, shwt ŷch chi?'

Duw, mi roedd gan y merchaid Hwntws 'ma leisia secsi, meddai Rhys wrtho'i hun.

'Y datganiade 'ma. Dyma chi, Si Fi Stanislav a rhywfaint o'i gefndir e.'

Cafodd Rhys bentwr o bapurau a llun dyn efo anferth o fwstash.

'Hoffech chi gael dishgled o goffi, Rhys?' gofynnodd gan ei arwain i gornel y ganolfan. Yno roedd peiriant coffi Eidalaidd.

Cyn i Rhys allu ateb, roedd Sian yn gofyn os oedd o eisiau siwgr a lla'th.

'Ia, plîs, Llefrith a siwgwr,' atebodd.

'Dewch i ishte fan hyn Rhys, i ni ga'l sgwrs fach.'

Erbyn hyn, roedd coesau Rhys fel jeli, ac mi roedd o'n falch o gael eistedd i lawr.

'Mi fyddwn i'n hoffi cyfle rywbryd i drafod ethos y ganolfan 'ma dach chi.'

'Y . . . y . . . ?'

'Chydig o'r cefndir. Be ŷn ni'n geisio'i gyflawni yma.'

'O ia,' meddai Rhys, o'r diwedd yn deall rhywbeth.

Doedd Rhys ddim wedi gwrando rhyw lawer ar be oedd hi'n ei ddweud. Yn wir, roedd yn dechrau gwirioni arni. Roedd wedi astudio'i hwyneb a rhan uchaf ei chorff. Yn sydyn, gwelodd ei gyfle.

'Ia, mi fysa'n syniad yn basa. Be am fynd allan am bein . . . am ginio rhyw noson?'

'Syniad da iawn, Rhys. Bendigedig!'

'Be am heno?' awgrymodd.

'Iawn,' atebodd Sian.

'Reit ta. Ddoi i'ch nôl chi tua saith? I fan'ma?

'Na, na. Dowch i Maes y Môr. Ma 'da fi fflat fach yn fan'no. Rhif 3a. A 'ti' plîs, Rhys. Dim 'chi'.'

'O! Dyna ni ta. Saith amdani. Welai chi . . . chdi nes ymlaen 'ta.'

Unwaith eto, estynnodd Sian ei llaw allan. Roedd yn gwybod beth i'w wneud y tro hwn. Roedd eisiau dechrau hefo cusanu'i llaw, ac yna – fel yn y ffilmiau – gweithio'i hun i fyny'i braich ac am ei cheg . . .

'Dyna ni, te Rhys. Saith o'r gloch . . . '

Teimlai Rhys fel sgipio wrth iddo gerdded ar draws y Maes. Roedd wedi anghofio am Gwendolyn – dros dro beth bynnag. Ar wahân i hefo'r busnes wrth gwrs. Mynd allan efo Sian. Wehei! Ond lle uffar câi o fynd? Cofiodd yn sydyn ei fod yn sgint. Allai o ddim mynd â Sian i *Joe's Diner* bosib a defnyddio'r acownt? Na, na. Roedd rhaid cael rhywle fel *Bistro Napoleon* a edrychai allan dros y Fenai.

Yn sydyn, cofiodd am y llyfr siec.

Brasgamodd i fyny'r grisiau i'r swyddfa. Roedd Gwendolyn erbyn hyn wedi cael trefn ar y lle. Roedd y desgiau wedi'u gosod fel 'tasan nhw i fod yno am fileniwm gyfan. Roedd planhigion wedi'u gosod yn gelfydd yng nghorneli'r ystafell ac ar y waliau luniau gan ryw artist o Japan. Roedd y cyfrifiadur ar waith, a phapurau'n dod allan o'r argraffydd.

'Dyna chdi.' Estynnodd Gwendolyn bentwr o gardiau iddo. 'Cardiau busnes Seiont Pi-Âr.' Darllenodd Rhys yr un ar ben y pentwr:

Seiont PR
Cwmni Cysylltiadau Cyhoeddus ar gyfer pob achlysur

Rhys Huws – Cyfarwyddwr.

'Neis iawn, Gwen. Da iawn,' meddai gan sythu'i frest.

'A dyma bapur sgwennu'n dod allan o'r cyfrifiadur rŵan.'

'Grêt, Gwen. Dyw, mae'r lle ma'n neis gen ti. Mae'n edrych yn broffesiynol iawn.'

'Diolch Rhys. Mi rydan ni mewn busnes rŵan. Sut hwyl gest ti yn y ganolfan gelfyddyda' na?'

'Jacpot yn de! Isio ni 'neud chydig o handowts i'r wasg am ryw ddyn yn dod yno o *Poland* i gerfio petha'. Mae hi wedi rhoi'r rhein i mi hefo'i hanas o arnyn nhw.'

'O, gwych! Gwych Rhys! Diwrnod da o waith i'r ddau ohonan ni.'

'Dim ond un peth. Dwi di gaddo mynd â Sian allan am bryd o fwyd heno – i drafod . . . ethos . . . a petha'.'

'O, da iawn. Busnes lynsh yn barod! Wel, wel,' meddai Gwendolyn gan edrych arno fel mam.

'Ym ia . . . ond dwi'n sgint. Oes 'na jans cael un o'r siecia' 'na i fynd efo fi?'

'Wel, oes siŵr iawn.' Aeth Gwendolyn i'r drôr. 'Dyma chdi.'

'O grêt, diolch, Gwen.'

'Cofia rŵan. Dim gor-yfed a chwara'n wirion. Dwi'm isio chdi golli dy gwsmer cyntaf, a dwi isio chdi yma am naw fory. Mae gynnon ni lot o waith i'w wneud. Manylion i Gwmni Caernarfon a dechra' ar joban y ganolfan gelfyddyda'. Cofia.'

'Ocê,' meddai Rhys gan wibio i lawr y grisiau ac allan i'r stryd.

Fel y deuai Rhys rownd y tro yn yr MR2 am Maes y Môr, gwelai Sian yn eistedd ar y wal o flaen ei thŷ yn edrych allan dros y Fenai. Esu, roedd hi'n smart. Roedd ganddi sbectols tywyll ac edrychai fel ffilm star. Stopiodd y car gyferbyn â hi. Roedd y to i lawr.

'Hai, Sian. Su mai? Ti'n edrych yn cŵl yn fan'na yn dy sbectols haul.'

'O ma twtsh o conjynctifeitis 'da fi,' atebodd.

Doedd Rhys erioed wedi clywed y gair o'r blaen ond cymerai nad oedd o'n rhyw beryg iawn.

'Mae car smart da ti 'fyd.'

'O dim ond MR2 ydy o. Braidd yn hen. Dî rej ydi o – ond mae o'n mynd fel bom.'

Agorodd Sian ddrws y car ac eistedd wrth ei ymyl. Roedd Rhys ar ben ei ddigon.

'Reit, dan ni am fynd draw i'r *Bistro Napoleon*. Ydi hynny'n iawn?'

'Gwych Rhys. Lle da iawn o'n i'n clywed ond so fi rioed 'di bod 'na.'

Parciodd Rhys y car o flaen y bistro ac aeth y ddau i mewn. Gofynnodd Sian am fwrdd wrth y ffenest er mwyn iddi allu gweld yr haul yn machlud dros y Fenai. Roedd Rhys yn wynebu'r bar a'r bog.

'Be oeddech chi'n 'neud yn y gorfforaeth Rhys?'

'Y . . . y . . . yn lle?'

'Yn y BBC?'

'O . . . o . . . y, dipyn o bopeth. Cynhyrchu ran amla'. Doeddwn i ddim llawer o ffansïo mynd o flaen y camera na'r meic. Gadael hynny i bobol fel Gwendolyn. Er . . . y . . . y ges i gynnig lawer gwaith.'

Aeth Sian i sôn sut y bu iddi ddilyn cwrs ar gelfyddyd gain yn Chelsea cyn treulio blwyddyn yn Affrica yn astudio celfyddyd *naïve* ac yna'n cael swydd yn y ganolfan gelfyddydau yng Nghaernarfon.

Cyn i'r prif gwrs gyrraedd, roedd Sian wedi esgusodi ei hun. Syllodd Rhys ar ei chorff llunaidd yn mynd drwy ddrws y tŷ bach. Blydi hel mae hi'n smart, meddai wrtho'i hun. Mae'r petha arti-ffarti 'ma fatha cwningod hefyd. Mi fydda i'n iawn heno hefo hon.

Dychwelodd Sian ac archebodd Rhys botel arall o'r un gwin. Cafodd wybod beth oedd cynlluniau'r ganolfan gelfyddydau a lle y gallai Seiont Pi-Âr ffitio i mewn yn y cynlluniau hynny.

Doedd o ddim am bwdin – wel, ddim yn y bistro beth bynnag – felly mi gafodd wydraid o frandi tra oedd Sian yn pigo yn y *Brulle du Framboise*.

'Wel, 'yf fi wedi mwynhau'r noson – y bwyd a'r cwmni, Rhys. Diolch yn fawr iawn.'

Cliciodd Rhys ei fysedd a daeth y dyn siwt pengwin ato.

'Ga i'r bil plîs?'

'Sertenli, syr.'

Roedd Rhys wedi estyn ei siec a'i feiro Radio Cymru erbyn y daeth y dyn yn ei ôl.

'Mi gymrwch chi siec, wrth gwrs – siec busnes ydy hi?' gofynnodd Rhys yn hyderus.

'Oes gennych chi gerdyn efo hi?'

'Y . . . y . . . na!'

'Mae'n ddrwg iawn gen i, syr, ond allwn ni ddim cymryd siec heb gerdyn. Arian parod neu *credit card*, syr.'

Cochodd Rhys at ei glustiau.

'Paid â phoeni Rhys, mae carden 'da fi.'

'Ond . . . '

Roedd Sian wedi rhoi ei cherdyn i'r pengwin.

'Mae'n ddrwg iawn gen i am hyn Sian,' ceisiodd Rhys ymddiheuro.

'Paid â becso Rhys. Mi gei di gyfle i fynd â fi allan 'to.'

Aeth y ddau allan drwy'r drws ac am yr MR2.

'So ti'n mynd i ddreifo Rhys!'

'Y . . . ?'

'Fi'n credi dy fod wedi ca'l braidd gormod.'

'Ti'n meddwl . . . ?'

'Tyrd mae 'na dacsi yn y fan acw.'

'Ond 'sgen i'm . . . '

'Paid â becso. Mi gaiff y tacsi fynd â ti adref gyntaf ac mi gaiff fy ollwng i yn Maes y Môr.'

Stopiodd y tacsi y tu allan i'w fflat yn Twtil.

'Wyt ti am ddod i mewn am dama . . . y . . . panad?'

'Na, na, mae hi braidd yn hwyr, Rhys. Cofia ddod draw hefo'r datganiade yn y dyddie nesa'. Hwyl!' Caeodd Sian ddrws y tacsi cyn iddo allu hyd yn oed ei chusanu.

Gwyliodd Rhys y tacsi'n diflannu i lawr y ffordd. Shit! O'n i'n meddwl bod gin i jans yn fan'na . . .

3. Creu argraff

Roedd Gwendolyn yno o'i flaen y bore canlynol. Ond cyn iddo gael sôn am ei ginio hefo Sian y noson cynt, dechreuodd Gwendolyn daflu gorchmynion.

'Reit ta. Mae gynnon ni waith i'w wneud. Cynhadledd adfywio trefol. Yli, dwi wedi sgwennu yn fa'ma be 'dan ni angan. I ddechra – taflenni lliw, pedair tudalen. Tua ugain mil ohonyn nhw. Mae angen sgwennu llythyrau yn gwahodd bobl draw. Mi fydd angen datganiadau i'r wasg, trefnu cyfweliadau ac ati. Riseption, wrth gwrs, i'r gwesteion. Arddangosfa o waith Cwmni Caernarfon. Rwbath arall da Rhys?'

'Ym. Na. Mi wyt ti wedi cyfro pob dim yn fan'na.'

'Reit, dwi isio chdi ddechra' sgwennu datganiada rŵan. Mi elli di 'u gwneud nhw ar gyfer y ganolfan gelfyddyda a'r gynhadledd. Mi wna i ddechra teipio'r manylion allan.'

Erbyn canol y bore, roedd Rhys wedi cael digon, a doedd ei ben ddim yn rhy dda ar ôl gwin y noson cynt.

'Ffansi panad Gwen?' gofynnodd.

'Does 'na'm teciall na dim yma,' atebodd hithau tra'n teipio'n wyllt ar y cyfrifiadur.

'Mi â i i weld Joe,' meddai Rhys. 'Rown ni o ar yr acownt.'

Tra oedd o yng nghaffi Joe, roedd Gwendolyn ar y ffôn efo'r BBC.

'Helo, Garym Lewis plîs. A . . . Garym. Su' mai? Gwendolyn yma. . . . Ydy, mae petha'n mynd yn dda iawn. Cael cynnig gwaith o bob cyfeiriad. Dyna pam dwi'n dy ffonio di. Mae 'na gynhadledd bwysig yng Nghaernarfon yn o fuan. Meddwl y basat ti'n licio gyrru un o dy newyddiadurwyr di draw am sgwrs – mi fasa'n gwneud eitem ddifyr iawn. . . . Dyna fo. Mi roeddwn i'n meddwl trefnu *press* briffing yng Ngwesty'r *Brython* nos Fercher nesaf. Tyrd draw dy hun os ti ffansi. 'Neith hi beint neu ddau. Iawn, hwyl Garym.'

Erbyn hyn, roedd Rhys yn ôl efo dwy baned o goffi a sgon iddo fo'i hun.

'Newydd fod ar y ffôn efo Garym. Pawb yn fy ngholli i yna ym Mangor. . . '

'Ydyn nhw 'ngolli i?' gofynnodd Rhys â sgonsan yn llenwi'i geg.

'Nath o'm sôn dim. Gyda llaw, mae gynnon ni *press* briffing yng Ngwesty'r *Brython* nos Fercher nesaf. Mi fydd rhaid trefnu hynny . . . '

Erbyn canol dydd, roedd Rhys wedi blino'n lân. Roedd yn gweithio'n llawer caletach na wnaeth o erioed fel ymchwilydd i'r BBC.

''Sa jans am frêc bach rŵan?' gofynnodd.

'Ocê, deg munud. Ond tyrd yn ôl yn syth.'

Tra âi Rhys am jips, roedd Gwendolyn wedi tynnu dwy reifita a photel o ddŵr Perrier o'i bag. Roedd yn dal i gnoi'r rheiny fel llygoden fach pan ddaeth Rhys yn ôl.

Torrodd Rhys wynt.

'Y mochyn budur! Be tasa 'na glient yn fan'ma hefo fi?'

'Sori Gwen, ond nes i lowcio'r *chips* 'na er mwyn cael dod yn ôl yn syth.'

'Rhaid i ti roi'r gora i'r *chips* 'na neu mi fydd gen ti ylsyr. Byta'n iach fysa ora i ti. Dyna pam mod *i* wedi cadw'n lwcs â'n ffigyr,' meddai hefo'i dwylo ar ei gwasg yn siglo o flaen Rhys.

Esu, mae hi'n beth handi, meddai Rhys wrtho'i hun. Sa'n well i mi ganolbwyntio ar Gwen yn lle Sian? Na, mae gin i well gobaith efo Sian . . . os o gwbwl . . .

Torrodd Gwendolyn ar draws ei freuddwydion.

'Dwi isio chdi gael pris am brintio'r taflenni 'ma. Reit?'

'Reit Gwen. Ond . . . '

'Dim 'ond' . . . awê,' a gwthiodd ddarn o bapur i'w law.

Erbyn hyn, roedd Rhys eisiau peint. Edrychodd yn ei boced – roedd ganddo ddigon i gael un yn unig. Cerddodd ar draws y stryd gul i'r *Darian Fach*. Yno'n pwyso ar y bar yn syllu i'w beint o Stela roedd Huw Cris. Roedd Huw rhywbeth i'w wneud â'r byd teledu – dyna pam roedd o'n gallu fforddio cael peint yn y pnawn.

'Su' mai'n mynd, Huw?' gofynnodd wrth estyn stôl iddo'i hun wrth y bar.

'O chdi sy 'na Rhys. Be ti'n 'neud yma? Gwylia?'

'Gwylia . . . ? Y, na . . . dwi 'di gadal y Bîb.'

'Iesu, do. O'n i'n meddwl bod ti'n iawn am oes yn fan'na?' meddai Huw gan roi arwydd i'r barman ei fod angen dau beint.

'Na, ges i lond bol – dwi 'di dechra' busnas fy hun . . . wel, efo Gwendolyn Prydderch . . .'

'Y gotsa . . .,' meddai Huw gan dynnu'i sylw oddi ar ei beint am ennyd.

Torrodd Rhys ar ei draws. 'Na, na . . . mae hi'n ocê 'sti.'

'Un peth am fod yn selff-emploid ydy fod gen ti amsar i fynd am beint yn pnawn,' meddai Huw gan geisio tynnu sylw Sam y barman fod ei wydr peint ar fin gwagio.

'Ia, ia . . . na, na 'sgin i'm amsar i ddeud y gwir . . . ond o'n i isio peint yn uffernol. Dwi wedi gweithio'n galed iawn bora 'ma . . . ac mae Gwendolyn isio fi drefnu rhyw job printio. Dwi'n dallt dim am brintio, blydi hel . . . a mae hi a Cwmni C'narfon isio fo erbyn dechra wsnos nesa . . . '

'Duw, paid â phoeni. Dos i weld Ned Camal yn Nhalsarn. Roith o bris printio i chdi.'

'Ti'n siŵr?' gofynnodd Rhys â rhyw oleuni yn ei lygaid o'r diwedd.

'Iesu neith. Mae gynno fo fashîns at 'i glustia, mae o'n troi gwaith allan fel daiaria-bora-wedi-sesh,' meddai Huw gan o'r diwedd ddal sylw Sam y barman.

Llyncodd Rhys ei beint ac aeth allan gan weiddi, 'Diolch Huw. Bryna'i beint i chdi tro nesa . . . '

Roedd yr MR2 wedi'i barcio braidd yn flêr. Ei hanner ar linell felyn a'r hanner arall ddim, ac mi roedd Gordyn y Wardyn ar hanner ei fwcio.

'Chdi eto?' gofynnodd, heb godi'i lygaid oddi ar ei bensel a'i lyfr bach.

'Ei hold on, rŵan Mr Harrison, dau funud fues i. O'dd gin i apointment pwysig. O'dd gen i ddim dewis. O'n . . . '

'Dyma dy gyfle ola di. Mae rhyw gocia-ŵyn efo sborts-cars yn meddwl gawn nhw barcio'n rhwla.'

'O grêt, diolch Mr Harrison. Mi gofia'i amdanoch chi,' meddai Rhys gan agor drws ei gar.

'Nei siŵr iawn. Y tro nes y byddi di'n meddwl parcio ar lein felyn.'

Anelodd Rhys y car am Ddyffryn Nantlle; heibio'r ysgol uwchradd gan ond y dim daro bws yn pigo plant i fynd adref. Roedd ei lygaid fwy ar ferched fform sics nag ar y ffordd. O'r diwedd, cyrhaeddodd y stâd ddiwydiannol a gweld adeilad ac arno Argraffdy'r Dyffryn Cyfyngedig. Cerddodd drwy'r drws ac am y swyddfa.

Clywai lais yn gweiddi'r ochr arall i'r pared.

'Gwna'n siŵr bod y blydi mashîn 'ma'n mynd ffwl sbîd. O'dd y joban 'ma fod yn barod ddoe!'

Daeth dyn gwyllt yr olwg rownd y drws.

'Ia?' harthiodd ar Rhys.

'Mr . . . y . . . Mr Camal . . . ?'

Sgyrnygodd y dyn arno.

'Edward Puw i chdi. Be tisio'r ffycpig?'

'Y . . . y . . . isio . . . y printio petha . . . y . . . Mr . . . Puw.'

'Be, ryw blydi gardia busnas, mwn?' meddai'r Camal gan rwbio'i ddwylo mewn hen glwt budur.

'Na, na. Dwi isio igian mil o daflenni lliw pedair tudalen.'

Newidiodd y Camal ei dôn.

'Dyw, steddwch i lawr Mr . . . y . . . '

'Y . . . Rhys Huws, Seiont Pi-Âr . . . newydd ddechra'n dre. '

'A, Mr Huws . . . gymrwch chi banad?'

'Yyy . . . diolch Mr . . . '

'Galwa fi'n Ned,' meddai cyn troi ei ben a gweiddi drwy'r drws agored. 'Dwy banad, Sheila.'

O fewn dim, roedd y ddwy baned ar y ddesg. Rhoddodd Ned Camal ei geg ar y gwpan a sugno fel tasa fo'n paratoi i gychwyn ar draws yr anialwch.

'Reit ta. Pensal. Twenti thow o daflenni lliw, pedair tudalen . . . '

Mi roedd Rhys a Gwendolyn wedi bod yn gweithio'n galed ar y datganiadau oedd yn sôn am ymweliad Stanislav Wlecicz.

'Ma' hwn yn swnio'n dipyn o foi,' meddai Gwendolyn.

'Ydy, mae o'n dipyn o rafin. Mi fydd o wrth 'i fodd yma'n dre'. Mi ai â nhw i lawr at Sian rŵan iddi gael taro golwg drostyn nhw,' meddai Rhys gan ddechrau codi o du ôl ei ddesg.

'Gyrra nhw fel i-mêl iddi. Mi safith dy sgidia di, a lle dy fod ti'n gwastraffu amser. Taim is myni yn y gêm yma cofia.'

'Ond ella bod hi isio'u trafod nhw hefo fi . . . ,' meddai Rhys, ac allan â fo cyn i Gwendolyn allu'i ateb.

Roedd Sian ar y ffôn pan gyrhaeddodd Rhys. Roedd hi'n siarad iaith nad oedd o erioed wedi ei glywed o'r blaen. Rhoddodd y ffôn i lawr wedi rhai munudau.

'A Rhys. Mae'n ddrwg gen i dy gadw di. Siarad efo fy ffrind Agnetha yn Stockholm oeddwn i. Mae hi'n gwneud gwaith tebyg i mi yn fan'no.'

'Wyt ti'n gallu siarad Swiss felly?' meddai Rhys gan geisio dangos diddordeb.

Ysgydwodd Sian ei phen. 'Swedeg, Rhys, a does yna ddim fath beth â iaith Swiss.'

'O . . . y . . . dwi wedi dod â'r datganiadau yma i chdi – ar Stanislav Wlecicz,' meddai cyn mynd i ddyfroedd mwy dyfnion.

'Diolch, Rhys. Mi fues ti'n sydyn iawn. Mae hyn yn

argoeli'n dda am ein perthynas ni.'

Gwridodd Rhys.

'Mi edrycha i arnyn nhw fory,' meddai Sian gan eu rhoi ar bentwr o bapurau oedd eisoes ar ei desg.

'O iawn 'lly, Sian. Oes yna rywbeth arall fasat ti'n licio?' gofynnodd Rhys fel rhyw hogyn bach o flaen athrawes.

'Ymm . . . dim ar hyn o bryd . . . '

Mi roedd Rhys ar adael, pan ofynnodd Sian iddo, 'Wyt ti wedi clywed am dafarn y *Llew*?'

'Yn Llanwnda?'

''Na fe. Ma'n nhw'n gweud bod yna nosweithie diwylliannol da iawn yno. Wyt ti wedi bod yno?'

'Dwi 'di galw yno am beint un neu ddwy o weithia' . . . '

'Wyt ti'n teimlo fel mynd draw heno . . . hefo fi – a chael rhyw ddrinc bach yna?'

'Ew, yndw. Faint o gloch wyt ti isio mynd?' gofynnodd Rhys â'i lais yn llawn brwdfrydedd.

'Mi ddo i draw at dy fflat di – rhif 5 ie? Am wyth o'r gloch.'

'O, grêt, Sian. Edrych ymlaen yn fawr.'

Ac allan â Rhys drwy'r drws, wedi gwirioni'i ben.

Erbyn chwarter i wyth, roedd Rhys wedi cael cawod ac wedi rhoi jîns a chrys glân amdano. Allai o ddim disgwyl nes i Sian gyrraedd.

Union ar wyth, dyma Renault Clio pinc yn stopio tu allan, a Sian yn codi llaw arno. Agorodd Rhys y drws; edrychodd o'i gwmpas i edrych a oedd rhywun yno i'w weld yn mynd i gar at ferch ddel, ac yna ymunodd â Sian yn y car pinc. O fewn chwarter awr, roedden nhw y tu allan i'r *Llew*. Parciodd Sian y Renault ac aeth y ddau i mewn.

Y cynta i'w gyfarch oedd Ned Camal.

'Duw Rhys, be ti'n da yn fan'ma? Pwy 'di'r slym 'ma sy' hefo chdi?' gofynnodd gan redeg ei lygaid i fyny ac i lawr Sian.

'Yyy . . . y Sian Heledd ydy hon. Hi di manijyr y ganolfan gelfyddyda yn cei yn dre.'

'Helo, shwt ŷch chi?' gofynnodd Sian gan estyn ei llaw iddo.

'Ew, mae gin hon fanyrs, Rhys. Ned . . . y . . . y . . . Edward Puw, ydw i. Un o ddynion – os nad y dyn busnas mwya yn Nyffryn Nantlla. Be dach chi isio i yfad, del?'

'Dŵr tonic os gwelwch chi'n dda, Mr Puw . . . '

'A pheint o Bass i mi plîs, Ned,' ychwanegodd Rhys.

Daeth llais o gefn y stafell.

'Watshiwch hogia, mae hacs y Bîb wedi cyrradd.'

Rhoddodd Sian bwniad ysgafn yn ochr Rhys. 'Dim y Prifardd Meurig Bryn ydy hwnna?' gofynnodd.

'Ia,' meddai gan godi'i law ar y Prifardd.

Yn amlwg, roedd Rhys wedi creu argraff ar Sian drwy'i fod o'n 'nabod bobol o galiber Meurig Bryn.

Aeth â Sian at y Prifardd i'w chyflwyno iddo.

'Yf fi'n falch iawn o'ch cyfarfod chi Mr Bryn. Yf fi'n ffan mawr o'ch gwaith chi.'

'Diolch, mi gymrai tecila slamyr plîs – un dwbwl,' meddai'r Prifardd oedd eisoes â gwydr ymhob llaw.

Amneidiodd Sian ar i Rhys fynd i nôl diod i'r Prifardd ac aeth i eistedd wrth ei ochr. Yno mewn cylch, roedd hanner dwsin o ddynion, a Ned Camal wedi ymuno â nhw erbyn hyn. Mi roedden nhw'n yfed, cracio ambell jôc, yn adrodd ambell bennill . . . ac yn yfed. Mi roedd gan bob un ei beint ac un bach wrth ei ochr.

'Noson ddiwylliedig yw hon ife Mr Bryn?' gofynnodd Sian.

'Diwylliedig uffernol,' gwaeddodd Ned Camal o'r gornel. Yn sydyn, cododd un ohonyn nhw ar ei draed – dyn pen moel a mwstash – a dechreuodd adrodd cerdd am Ddildo Anti Nel. Torrodd pawb allan i chwerthin a churo'u dwylo.

Roedd Rhys yn ei ddyblau.

'Esu, mi roedd honna'n dda'n doedd. Mwy o betha fel'na sy isio . . . ' meddai wrth Sian.

Ond cyn iddo gael gorffen canmol, torrodd Sian ar ei draws;

doedd hi'n amlwg ddim yn or-hoff o'r safon.

'Hmm . . . di-chwaeth iawn . . . a phrin 'i bod hi'n odli!' meddai.

Teimlai Rhys mai gwell fyddai peidio mynegi ei farn ar yr un o'r cerddi oedd yn dilyn. Ac yn wir, roedd gweddill y noson yn yr un cywair. Pe na buasai'r Prifardd yn eistedd wrth ei hochr, byddai Sian wedi cerdded oddi yno ers oriau. Ac nid yr awen yn unig oedd yn llifo. Roedd y cwrw a'r tecilas hefyd yn dod o bob cyfeiriad. Teimlai Rhys ei ben yn troi.

'Hei chdi,' meddai Ned Camal gan gyfeirio at Rhys, 'dy jans di ydy hi rŵan i adrodd rwbath.'

'Esu, alla i ddim,' medda Rhys a'i leferydd wedi dechrau mynd.

'Tyrd 'laen neu mi fydd raid i ti brynu cwadrwbl tecilas i bawb,' gorchmynnodd y Prifardd.

Gwyddai Rhys nad oedd ganddo ddigon o arian i hynny, ac felly cododd ar ei draed ac adrodd yr unig gerdd oedd o'n wybod . . .

> 'Mae gennyf i gi bach
> A'i enw ydy Joc
> Mae smotyn du ar flaen ei drwyn
> A'r llall ar flaen ei goc...'

Collodd ei falans a disgynnodd ar draws Sian.

'Reit Rhys, mae'n amser i ni fynd oddi yma,' meddai Sian gan geisio'i wthio oddi arni. Trodd at y Prifardd. 'Mae'n ddrwg iawn gen i Mr Bryn am ymddygiad Rhys . . . ' ac yna cafodd help Ned Camal i fynd â Rhys allan o'r dafarn a'i roi yn y car pinc.

Doedd hi fawr o dro nad arhosodd y car o flaen rhif 5 Twtil. Roedd Rhys yn cysgu ar y sêt ôl.

'Rhys, Rhys, deffra . . . ' meddai Sian, gan ei bwnio.

Fe ddeffrodd yn y man.

'Lle ydw i?' gofynnodd â'i lygaid yn troi'n ei ben.

'Ti adref Rhys. Tyrd mas. Mae hi'n hwyr. Rwy eisiau mynd i 'ngwely. Ma da fi gur yn fy mhen.'

Ymhen hir a hwyr, daeth Rhys allan. Pwysodd yn erbyn y car pinc ac i geisio sadio'i hun, cydiodd yn erial y car, ond doedd hwnnw ddim yn ddigon cry' i ddal pwysau dyn llawn cwrw, a thorrodd yn ei fôn.

'Rhys!' ebychodd Sian gan slamio'i throed ar y sbardun ac aeth y car pinc i lawr yr allt ac am Maes y Môr.

'Fydd 'na fawr o risepshion eto'n fan'na,' meddai Rhys wrtho'i hun.

Ymlwybrodd Rhys i'r swyddfa tua deg y bore wedyn.

'Mae golwg y diawl arnat ti. Lle fuest ti neithiwr?' oedd geiriau cyntaf Gwendolyn.

Ond canodd y ffôn. Ned Camal oedd yna.

'Ti'n well? Uffar o noson dda. Rhaid i ti a dy slym ddod draw eto. Ti'n chwara golff?' gofynnodd.

'Ym . . . na . . . ' atebodd Rhys.

'Wyt ti'n yfad? Dyna gwestiwn gwirion yn de,' chwarddodd y Camal.

'Y . . . ydw.'

'Reit ta, dwi wedi trefnu diwrnod yng Nghlwb Golff Caernarfon i rai o gwsmeriaid y cwmni a mae yna wahoddiad i chdi a dy bartnar busnas. Oce. Be 'di henw hi da? Marilyn rwbath . . . ?'

'Gwendolyn . . . Gwendolyn Prydderch . . . '

'Dyna, fo. Mi fydd y manylion yn y post. Un ar ddeg bore Mercher. Iawn?' a rhoddodd y ffôn i lawr.

Ac yn wir, mi gyrhaeddodd y gwahoddiad y bore wedyn.

'Yli, Gwendolyn. Yli, be dan ni wedi'i ga'l?'

Edrychodd Gwendolyn ar y cerdyn.

'Mmmmm . . . da iawn Rhys. Mae'n amlwg dy fod yn gwneud argraff yn y byd busnes 'ma. Da iawn, da iawn wir.'

Teimlai Rhys rêl boi.

'Mae gen i ddillad golff brynes i rai blynyddoedd yn ôl. Mi wnaiff y rheiny. Be ti am wisgo, Rhys?'

'Ymm . . . jîns a *t-shirt* . . . '

'Jîns a *t-shirt* wir! Rhaid i ti gael dillad iawn. Cer i siop John Sports a gofyn am rywbeth addas i fynd i chwarae golff,' gorchmynnodd Gwendolyn.

Roedd llygaid Rhys yn dweud nad oedd o'n hoffi'r awgrym.

'Cer, rŵan. Dwyt ti ddim yn mynd i adael Seiont Pi-Âr i lawr drwy fynd i Glwb Golff Caernarfon mewn jîns!'

Gofynnodd Rhys i Gwendolyn i'w nôl efo'i char. Doedd o ddim yn mynd i gerdded i lawr dre yn edrych fel Bob Hôp. Roedd yn sefyll yn ffenest y fflat pan gyrhaeddodd yr Audi. Canodd Gwendolyn y corn a sleifiodd Rhys allan am y car rhag i neb ei weld, ond pwy oedd yn sefyll yn ffenest drws nesa ond Sonia.

'Blydi hel,' meddai gan roi ei llaw dros ei cheg a chwerthin. 'Lle uffar ti'n mynd?'

Ac yn wir, allai Gwendolyn ddim peidio â gwenu pan welodd olwg ar Rhys. Roedd ganddo gap stabal ar ei ben, crys llewys byr, trowsus pen-glin a sgidiau du a gwyn â thafod anferth arnyn nhw.

'Da iawn, da iawn Rhys. Mi fyddan nhw'n impresd iawn yn y clwb golff.'

Roedd pawb yno pan gyrhaeddodd y ddau. Heidiai'r dynion fel pryfed rownd pot jam pan ddaeth Gwendolyn allan o'r car. Ond mi aeth eu sylw ar Rhys pan welon nhw'r golwg arno. Roedd pawb arall yn eu jîns a'u crysau-T ac yntau'n edrych fel coc-oen.

Wedi i'r chwerthin a'r tynnu coes ddod i ben, mi arweiniodd Ned bawb at y cwrs.

'Mae yna glybia yn fan'ma i'r rhai sydd heb rai,' meddai, gan dynnu ei droli ar ei ôl.

Yn sownd yn y troli, roedd bag.

'Be 'sgen ti yn y bag 'na?' gofynnodd Harri Tacsis. 'Peli?'

Chwarddodd pawb.

'Na, na – gwell fyth,' ac agorodd Camal y bag i ddangos dwsin o boteli a gwydrau.

''Sa'n well i ni gael un bach cyn cychwyn, Ned?' gofynnodd Tacsis.

'Syniad da iawn. Pawb i afael yn ei wydr,' a dyma joch o Cognac i bawb.

Er bod Gwendolyn ymysg y gorau ohonyn nhw i gael y bêl i'r twll, roedd pawb yn mynnu rhoi help iddi hefo'i strôcs. Estynnai Ned i'r bag lysh wrth gyrraedd pob twll, ac os oedd un ohonyn nhw'n bell y tu ôl, byddai'r gweddill yn cael joch neu ddau i ddisgwyl amdano.

Er mai Ned oedd wedi cael y syniad, doedd o fawr o chwaraewr golff, ac erbyn y chweched twll, roedd wedi cael llond bol. Yn wir, roedd Ned Camal wedi llyncu mul.

'Wedi cael yr hymp wyt ti, Ned?' gofynnodd Harri Tacsis.

Erbyn yr wythfed, roedd pethau'n shambls. Doedd yna ond un botel ar ôl yn y bag – roedd y gweddill wedi'u taflu'n weigion ar hyd y cwrs. Ac er i Gwendolyn ddechrau'n dda gan guro pawb am y tyllau, erbyn hyn, roedd hi a Jim Tatws yn bell ar ôl y gweddill. Unwaith eto, mi roedd pêl Gwendolyn wedi mynd i'r ryff a Jim a hithau wedi mynd i chwilio amdani.

Eisteddai Rhys ar boncen efo'i wydraid o Drambuie yn ei law.

'Esu, mae hon yn gêm galed,' meddai, a chwarddodd y lleill.

'Lle mae Jim?' gofynnodd Ned.

'Mae o mewn rhyw dwll yn rhywle,' meddai Harri gan chwerthin ar ei jôc ei hun.

Erbyn cyrraedd y deuddegfed twll, roedd pawb yn cael trafferth mawr i daro'r bêl. Roedd Jim a Gwendolyn wedi rhoi'r ffidil yn y to, ac wedi diflannu i'r coed gerllaw.

Roedd Rhys wedi colli ei gap ac ar ei liniau wrth un o'r tyllau.

'Dwi . . . dwi . . . ddim yn teimlo'n rhy dda,' meddai.

Ond mi roedd Harri Tacsis am gael un trei arall am y twll. Rhoddodd y bêl i lawr ac estyn y clyb yn bell y tu ôl iddo. Trawodd y bêl, saethodd honno drwy'r awyr . . . ac aeth yn syth am geilliau Rhys.

'Yyyyyy . . . ' Disgynnodd Rhys ar ei hyd ar y lawnt gan falu'r polyn oedd wrth y twll.

'Hei, chwara golff ydan ni ddim snwcer,' a chwarddodd bawb yn afreolus.

Pan ddeffrodd Rhys y bore canlynol, roedd ei ben yn curo fel tasai Mike Tyson yn ymarfer y tu mewn iddo. Roedd ei geg yn sych fel cesail arth, ac roedd yn sigledig iawn ar ei draed. Aeth i'r gegin a gwneud paned o goffi du iddo'i hun. Doedd 'na ddim bara yn y tun a bu raid iddo gnoi dwy grîm cracyr heb ddim menyn.

Erbyn hyn, roedd o'n teimlo rhywfaint gwell. Awyr iach 'sa'n gneud lles i mi, meddai wrtho'i hun. Mi gerdda i i'r swyddfa ond mi alwa i ar y Maes gyntaf i fynd at y twll yn y wal.

Agorodd y drws; daeth gwynt cryf y môr i'w gyfeiriad a bu ond y dim i'w goesau fynd oddi tano. Gafaelodd yn nwrn y drws i sadio'i hun. Ar yr union funud, daeth Nesta Nyts heibio. Doedd Nesta ddim yn llawn llathen. Crwydrai Gaernarfon efo bag siopa mawr yn llawn teisennau. Roedd yn eu cynnig i'r trigolion, ond chydig iawn gymerai fantais ar ei haelioni.

'Hwda, teisan Rhys . . . '

'Yyyy . . . ' Gwelwodd Rhys.

Roedd Nesta wedi tynnu teisen gwstard allan. Fel arfer, hwn oedd un o hoff ddanteithion Rhys, ond roedd hon yn wyrdd drosti, gyda phryfed yn codi i bob cyfeiriad wrth i Nesta ei thynnu allan o'i bag.

'Y . . . y . . . ' Rhoddodd stumog Rhys dro. Disgynnodd ar ei liniau ar y pafin, gan gyfogi dwy grîm cracyr a choffi du ar wyneb y ffordd.

Roedd Sonia drws nesa wedi clywed y sŵn ac wedi rhedeg allan. Meddyliodd am ennyd bod Rhys wedi bwyta un o deisennau Nesta.

'Wyt ti'n iawn Rhys? 'Wnest ti'm byta dim gin Nesta, naddo?' gofynnodd yn bryderus.

Erbyn hyn roedd Rhys yn pwyso ar y wal. 'Na, na . . . esu naddo . . . na, ca'l sesh ddoe 'nes i ond bod hon wedi codi pwys arna i.'

Roedd Nesta'n sefyll yng nghanol y ffordd yn gwylio'r perfformans gan ysgwyd ei phen o ochr i ochr.

'Esu, 'di bobol i'm gall ffor'ma,' meddai ac i lawr y stryd â hi gan chwibiannu.

'Tyrd i'r tŷ 'ma i chdi gael panad. Fyddi di'n well wedyn,' meddai Sonia gan afael yn dyner amdano.

Dilynodd Rhys hi i'w chegin. Yno, cafodd baned o de a phentwr o dôst a sylw. Doedd Sonia ddim yn oil-penting o bell ffordd, ond roedd hi'n glên ofnadwy a does 'na'm byd fel cael dipyn o sylw gan ferch.

Roedd Rhys yn teimlo'n llawer gwell o fewn dim ac yn barod i gerdded lawr i'r Maes.

'Rhaid i mi fynd rŵan, Son. Mae raid i mi fynd i'r banc ac mae gin i lwyth o waith i'w wneud yn y swyddfa. Diolch Son,' ac i ffwrdd ag o.

Roedd yn fore braf gydag awel ysgafn yn chwythu ar ei wyneb ac o fewn dim roedd Rhys yn ôl i'w lawn iechyd. Aeth at y twll yn y wal. Estynnodd ei gerdyn, rowliodd lawes dde ei grys i fyny er mwyn cael gweld ei rif PIN oedd wedi ei datŵio hefo nodwydd ac inc ar ei fraich. Un gwael oedd Rhys am gofio rhifau. Yn anffodus, roedd ganddo ddau set o rifau. Bu raid iddo gau'r cyfri hefo'r Nat West am nad oedd o'n gallu cadw o fewn terfyn ei orddrafft. Chwarae teg i'r Midland, mi rodden nhw'n ddigon parod i agor cyfri iddo ac yntau'n 'brif gynhyrchydd' efo'r BBC. Ond erbyn hyn, doedd y rheolwr ddim yn siŵr os oedd o wedi gwneud peth call.

Trïodd y rhif cyntaf. Dim lwc. Efo'r ail – bingo! Ac mi roedd yna arian yn y cyfri hefyd.

'Iehhh . . .!' gwaeddodd gan godi'i ddwrn i'r awyr a dychryn hen wraig oedd yn sefyll y tu ôl iddo.

Tynnodd ddigon o arian i'w gadw i fynd am rai dyddiau.

Pan gyrhaeddodd y swyddfa, roedd Gwendolyn yno o'i flaen.

'Uffar o ddwrnod da ddoe, Gwen.'

'Hmmm, ie,' meddai. 'Cyfle i gyfarfod rhai o bobol fusnes y dre 'ma o leiaf.'

'Ew, ma'r Jim Tatws yna'n gês yntydi?' meddai Rhys heb feddwl.

Gwelodd Gwendolyn yn cochi rhywfaint.

'Sut wyt ti'n gwybod? Mi roeddet ti'n fflatnar am hanner y diwrnod . . . ac yna malu offer y clwb. O, mai god! Y cywilydd! Wel, mi allwn ni anghofio cael gwaith gan y golff clyb ar ôl ddoe.'

Cyn iddo gael mwy o ffrae, mi ganodd y ffôn. Ned Camal oedd yno.

'Y . . . y . . . y sori am ddoe, Ned. Mae'n ddrwg gen i am . . . ' meddai Rhys.

'Duw, na, uffar o ddwrnod da. Rhaid i ni gael un arall. 'Dach chi'ch dau ddim gwaeth gobeithio?'

'Y . . . na. Na, 'dan ni'n iawn rŵan.'

'Rhyw holi o'n i am y joban twenti thow o daflenni. Do'n i'm yn licio sôn am fusnas ddoe ynde,' meddai Ned.

'Shit . . . , o'n i 'di anghofio deud wrthat ti. Maen nhw isio cario mlaen. Elli di 'u gneud nhw'n reit sydyn?'

'Ia, iawn. Mi gei di brwffs erbyn diwedd yr wythnos.'

Roedd Rhys a Gwendolyn yn y swyddfa'n edrych ar luniau yr oedden nhw am eu rhoi ar y wal. Roedd y ddau â'u cefnau at y drws ac yn plygu dros ddesg pan gerddodd Selwyn Morgan i mewn.

Safodd Selwyn ac edrych ar du ôl siapus Gwendolyn gan ddweud dim.

'Ys gwn i sut fysa'r ffordd orau i roi'r llunia 'ma ar y wal, Rhys?' gofynnodd Gwendolyn heb sylwi fod Selwyn y tu cefn iddi.

'Sa'n well i chi eu *mowntio* nhw,' awgrymodd Selwyn, gydag ond un peth ar ei feddwl.

Trodd y ddau rownd.

'A . . . Selwyn, sut ydach chi?' gofynnodd Gwendolyn.

'Iawn, diolch yn fawr. Galw draw oeddwn i gael gweld sut oedd y daflen yn siapio,' meddai gan wenu ar Gwendolyn.

Trodd Gwendolyn at Rhys.

'Yyy . . . ydy. Bron iawn yn barod. Mi fyddan nhw hefo chi o fewn rai dyddiau.' meddai Rhys.

'Mi fydd raid iddyn nhw fod. Mae eisiau'u gyrru nhw allan mewn digon o bryd.'

'Ia . . . ia . . . mi fyddan nhw,' cadarnhaodd Rhys.

'Dyna fo, iawn,' meddai Selwyn a throdd at Gwendolyn.

'Ffansi rhyw damaid . . . rhyw damaid o ginio, Gwendolyn? Mynd am y *Darian Fach* oeddwn i.'

'Ym, na dim diolch Selwyn. Gormod o waith ar hyn o bryd.'

'Dyna fo, felly. Hwyl fawr . . . ' a diflannodd Selwyn yn siomedig i lawr y grisiau.

Ddywedodd Gwendolyn ddim, ond roedd yn amlwg nad oedd yna fawr o gariad rhyngddi hi â Selwyn Morgan.

'Y . . . y . . . y . . . Ned . . . ?'

'Ia, be tisio?' harthiodd y Camal.

'Rhys Seiont Pi-Âr sy 'ma? Ydy'r proflenni'n barod?'

'Prwffs y daflan? Ydyn, mae nhw yma ers dyddia'n disgwyl amdanach chdi.'

'Ond ma'r job i fod yn barod fory,' meddai Rhys yn bryderus.

'Dim gobaith caneri,' meddai Ned Camal.

'Ond ma'n rhaid iddyn nhw fod. 'Dan ni wedi'i gaddo nhw i Gwmni C'narfon.'

'Os ddoi di yma rŵan i jecio'r prwffs a'u pasio nhw, mi brintia i nhw fory i ti ac mi gei di nhw drennydd.'

'Ocê, ddo'i fyny rŵan,' meddai Rhys â rhywfaint o ryddhad ar ei wyneb.

Roedd ar adael y swyddfa pan ganodd y ffôn.

'Helo Rhys, shw mai?'

'O, Sian, chdi sy'na?' gofynnodd Rhys â'i galon yn curo.

'Ie, fi 'di ca'l golwg ar y datganiade a 'sen i'n hoffi i ti ddod yma i ni gael 'u trafod nhw.'

Ew, grêt, meddai Rhys wrtho'i hun, dyma jans arall i'w gweld hi.

'Pa bryd Sian?'

'Mor fuan â phosib. Pnawn 'ma?'

'Ym . . . y . . . iawn, Sian. Dwi jest isio piciad i'r printars ac mi ddoi'n syth acw.'

'Diolch, Rhys. Hw-w-yl . . . '

Rhedodd Rhys i lawr y grisiau, allan i'r stryd ac at ei gar. Gyrrodd fel dyn gwyllt i gyfeiriad Dyffryn Nantlle. Stopiodd ei gar o flaen ffatri Argraffdy'r Dyffryn gan losgi tua modfedd o deiars.

'Dyma chdi'r prwffs,' meddai Ned. 'Esu, dydi pawb isio bob dim ddoe. Huws blaenor yma echdoe isio'i lyfr yn dathlu canmlwyddiant y capal. Isio fo erbyn dydd Sul. Wsnos dwytha ges i o ac ma'r diawl 'di cael can mlynadd i sgwennu o! Stedda fan'na. Darllan rheina'n ofalus . . . a rho wybod os oes yna rwbath yn rong.'

Gadawyd Rhys i edrych dros broflenni'r daflen. Edrychai ar ei watsh bob munud. Esu, roedd yna lot o waith ac roedd amser yn brin. Ceisiai edrych ar bob gair, ffwl stop a choma, ond mi roedden nhw'n toddi i'w gilydd o flaen ei lygaid.

Roedd newydd orffen pan ddaeth Ned Camal i mewn.

'Ti 'di gorffen?'

'Do.'

'Ydyn nhw'n iawn?'

'Ym . . . mae 'na un ffwl stop ar goll ar ddiwadd yr ail baragraff.'

'Reit, seinia'n fan'na ta i ddeud 'u bod nhw'n iawn. Mi fyddan nhw'n barod i ti ddydd Iau. Tisio fi fynd â nhw yn syth i Gwmni C'narfon?'

'Ew, ia, grêt Ned. Diolch yn fawr.'

O fewn deng munud roedd yr MR2 wedi'i barcio o flaen Canolfan Gelfyddydau Caernarfon. Roedd Sian wrthi'n gosod llun gan arlunydd o Tahiti ar y wal pan gerddodd Rhys i mewn.

'Helo, Rhys,' meddai gan roi cusan fach ar ei foch. Ydy hi'n fy lecio i 'ta bod yn art-ffarti-dahling mae hi? gofynnodd Rhys iddo'i hun. Ond na, chwarae teg, mi roedd hi'n glên iawn.

'Mi fydd Stanislav yma ymhen wythnos a fi isie ti hefo fi yn stesion Bangor i'w gyfarfod,' gorchmynodd Sian.

'Y . . . iawn, Sian,' atebodd Rhys yn falch o gyfle arall i'w gweld.

'Y datganiade ma'n wych, Rhys. Da iawn. Rŵan, ishe trafod oeddwn i ble 'y ni'n mynd i'w hanfon nhw.'

'Y . . . y BBC . . . y papura lleol, Champion Radio . . . '

'Ie, ie, wrth gwrs. Ond 'yf fi ishe ehangu dalgylch y ganolfan. Mae 'da ni strategeth yn gweud bod rhaid i ni ymestyn ein ffinie − o ran chwaeth ac yn ddaearyddol. Dyna pam bod Stanislav yn dod yma.'

'O ia . . . ' meddai Rhys, yn rhyw hanner dilyn y sgwrs ac ar yr un pryd yn awchu i gael neidio dros y ddesg a gafael ynddi.

'Yf fi am i ti yrru'r datganiade yma i gylchgronau celf drw' Bryden.'

'O ia, syniad da iawn,' meddai Rhys heb y syniad lleiaf lle i ddechrau.

'Tyrd rownd i fan'ma. Mae 'da fi rywfaint o enghreifftie yma.'

Estynnodd bentwr o gylchgronau o'i drôr ac aeth Rhys ati.

Taenodd Sian y cylchgronau ar y ddesg. Agorodd un.

'Dyma'r math o gylchgrawn yr hoffen i gael sylw i'r ganolfan ynddo,' meddai.

Edrychodd Rhys ar y cylchgrawn. Ynghanol tudalen yn llawn print ar draws ei gilydd roedd llun o ddynes noeth a'i choesau ar led.

'Fel ti'n gweld, mae'r cylchgrawn yma wedi'i anelu at strata arbennig o gymdeithas, y . . . Rhys! Dwyt ti'm yn gwrando'r un gair y fi'n weud yn nagw't?'

Cochodd Rhys. Roedd yn gwybod yn iawn bod Sian wedi'i ddal yn edrych ar lun y ferch.

'Gyda llaw, portread yw hwnna gan Michell Bruge o'i wraig yn y gegin. Mae e'n llun arbennig iawn . . . '

'Ym . . . ydy . . . ydy, mae o . . . '

'Cer â'r cylchgrone yma 'da ti a gwna restr i mi o ble wyt ti am yrru'r datganiade, beth yw cylchrediad y cylchgrone a beth yw'r target odiens.'

'Yyy, iawn. Sian. Y grêt . . . '

Aeth allan reit sydyn. Doedd hi ddim yr amser iawn i ofyn iddi fynd allan efo fo am ginio – ac yntau newydd gael ei ddal yn edrych ar luniau budr.

Fore Iau, roedd Rhys newydd gyrraedd y swyddfa pan glywodd sŵn traed yn brasgamu i fyny'r grisiau. Selwyn Morgan oedd yno.

Roedd un o'r taflenni yn ei law.

'Chdi sy'n gyfrifol am hon?' gofynnodd gan ddal y daflen i fyny.

'Y . . . ia,' meddai Rhys.

'Darllan y ffrynt i mi.'

'Cyn-had-ledd Ad-fywio Tref-ol.'

Arhosodd.

'Ia . . . a'r Susnag . . . ' harthiodd Selwyn.

'Urb-an Regen-eration Cont-ference . . .

Shit . . . '

4. Hwyl o Wlad Pwyl

Safai Sian a Rhys ar blatfform gorsaf Bangor. Sian yn y ffrog roedd hi wedi ei phrynu'r wythnos cynt ym Manceinion pan oedd mewn cynhadledd crefftau ethnig a Rhys yn ei siwt, â chatalog a ffolder dan ei fraich. Doedd fawr o ddim yn y ffolder, ond roedd yn gwneud iddo edrych yn bwysig. Roedd y ddau yno i groesawu Stanislav Wlecicz, cerflunydd o fri o Wlad Pwyl. Cerflunydd o bwysigrwydd rhyngwladol, yn ôl y wybodaeth ddaeth o Gyngor y Celfyddydau, beth bynnag. Dyn uchel ei barch ym myd celfyddyd.

Cyrhaeddodd y trên o Lundain. Agorodd y drysau a dechreuodd y teithwyr lifo allan. Yn llaw Sian, roedd llun o ddyn trwsiadus efo gwallt a mwstash tywyll a siwt, coler a thei. Roedd y trên fel pe bai ar gychwyn ar weddill ei daith i Gaergybi, ond doedd dim golwg o Stanislav. Tynnodd Sian ddarn o bapur o'i bag. Ie, cyrraedd gorsaf Bangor 3.45. Cododd ei golwg at gloc yr orsaf – 3.47.

'Ble mae fe?'

'Dyw, ella bod o wedi colli'r trên. Dio'n dallt fawr o Susnag, ac ella bod o wedi mynd ar goll,' meddai Rhys gan roi fawr o gysur iddi.

'Ar goll! Ar goll! All e ddim mynd ar goll!' meddai Sian gan neidio i fyny ac i lawr ar y platfform.

Trodd at Rhys. 'Gwna rywbeth!'

Edrychodd Rhys yn syn arni. 'Gneud be?'

Ond cyn iddo gael ateb, daeth sŵn o gerbyd ôl y trên. Sŵn gweiddi. Sŵn tebyg i regfeydd, ond doedden nhw ddim yn regfeydd roedd Rhys wedi'u clywed o'r blaen.

Agorodd drws y cerbyd. Glaniodd cês ar y platffform – agorodd gan chwydu ei berfedd allan. Yno ar y platffform gorweddai dau grys-T, dau drôns a chwe photel o fodca. Daeth giard allan, yna coes. Ac yna ddyn oedd ddim byd tebyg i'r llun yn llaw Sian. Oedd, roedd ganddo wallt a mwstash tywyll, ond roedd ei wallt fel nyth brân a'i fwstash walrys hyd yn oed yn fwy nag un Lech Walensa. Roedd ei grys allan o'i drwsus a'i dei yn hongian allan o'i boced.

Erbyn hyn, roedd y giard yn hanner cario, hanner llusgo'r dyn ar hyd y platffform, a chan bod Sian a Rhys fel petaen nhw'n disgwyl am rhywun, atyn nhw y daeth o â Stanislav. Edrychodd Sian unwaith eto ar y llun, ond cyn iddi allu dweud dim, roedd Stanislav wedi cyrraedd ati, wedi ei chofleidio a phlannu anferth o gusan ar ei cheg.

'Si-an . . . Si-an He-ledd.' Safodd yn ôl, a'i hastudio o'i phen i'w thraed gan aros am rai eiliadau ar ei bronnau. 'Si-an . . . Si-an . . . Rwyf i Stanislav Wlecicz yn balch iawn o bod yn Cymru.'

Plannodd gusan arall cyn i Sian allu dweud dim. Edrychodd Rhys yn wirion arno. Y sglyfath! Pam na fysa fynta wedi wedi mentro gwneud hynna ar ôl cael peint neu ddau.

Trodd Sian at y cerflunydd. 'Stanislav . . . dyma Rhys. Rhys Huws, Seiont Pi-Âr, sy'n gyfrifol am drefnu cyhoeddusrwydd ar gyfer eich ymweliad.'

Cydiodd Sian ym mraich Stanislav a'i droi at Rhys rhag ofn iddo geisio'i chusanu eto. Yna cydiodd Stanislav yn llaw Rhys a'i gwasgu.

'Blydi hel! Paid . . . y . . . c . . . ' Ond cyn gorffen y frawddeg, roedd Stanislav wedi gollwng ei law, wedi ei gofleidio a'i gusanu ar bob boch.

Er mwyn cael llonydd, aeth Rhys i nôl y cês oedd ar y platffform. Efo gwddw un o'r poteli, gwthiodd yn ôl i'r cês y tronsiau oedd yn amlwg heb eu golchi ers gadael Gwlad Pwyl dros fis yn ôl. Wedi cryn drafferth, medrodd gau'r cês a dilynodd Sian a Stanislav ar draws y platfform ac allan o'r orsaf.

Tra oedd yn cerdded at gar Sian, mi roedd Stanislav wedi tynnu potel o fodca allan o boced ei got; cymerodd swig helaeth ac yna'i chynnig i Sian.

'Dim diolch, Stanislav, fi'n dreifo.'

Doedd gan Rhys ddim yr un esgus a bu raid iddo brofi'r fodca.

Pan ddaeth at ei hun, roedd Stanislav yn hanner gorwedd ar sêt ôl y car, Sian wrth y llyw a'r drws yn agored iddo gael ymuno â nhw.

Roedden nhw ond rhyw ddeng munud allan o Fangor, pan ddechreuodd Stanislav weiddi . . . 'Piso . . . piso . . . piso . . . fi eisiau piso . . . piso . . . piso.'

Edrychodd Sian arno. 'Ŷch chi eisiau mynd i'r tŷ bach?'

'Fi isio piso . . . piso . . . piso . . . '

'Isio piso, dach chi Stanislav?' gofynnodd Rhys.

'Ie, fi isio piso . . . piso . . . piso.'

Erbyn hyn, roedd Stanislav yn gafael yn dynn yn ei gwd, a Sian yn gafael yn dynn yn y llyw.

'Be wnawn ni Rhys? Does dim toiled yn agos yma ac allwn ni ddim stopo fan hyn iddo fe gal . . . '

'Dos drwy Felinheli ac i'r car-parc. Fydd neb yno rŵan. Geith neud yn fan'no.'

Sgrialodd y Renault Clio pinc drwy'r adwy ac i ben pella'r maes parcio. Parciodd ger gwrych o brifets.

'Helpa fe Rhys, rhag ofn iddo fe . . . '

Ond erbyn hyn, roedd Stanislav wedi agor drws y car ac yn anelu am y prifets. Roedd yn ymbalfalu â sip ei drwsus pan gollodd ei falans a disgyn i mewn i'r brwgaij. Yr unig beth welai'r ddau oedd pâr o sgidiau'n ymwthio allan o'r gwyrddni . . . a sŵn dŵr.

'O, be wnawn ni?' Roedd Sian yn dechrau mynd i sterics.

'Dyw, gad o am dipyn. Mi fydd o'n well wedi cael pis . . .

wedi . . . y . . . gneud dŵr.'

Ond hyd yn oed ar ôl i'r sŵn dŵr ddistewi roedd Stanlislav yn dal i orwedd yn y prifets.

'Cer i nôl e,' meddai Sian â phendantrwydd yn ei llais.

'Ond . . . ond . . . ma . . . ma'n siŵr bod 'i . . . 'i beth o'n sticio allan . . . ' meddai Rhys gan edrych yn betrusgar arni.

'Wel, rho hi mewn te . . . a thyrd â fe mas o'r coed yne ac i'r car. Fi 'di ca'l digon o hyn!'

'Ond . . . alla i ddim gafal yn i . . . g . . . bid . . . beth o!?'

'Pam lai, mae gen ti un yn does! So fi'n mynd i afel yn ei hen beth e!' meddai Sian yn gafael yn dynn yn llyw'r car.

Gallai Rhys weld ei hun yn gorfod gafael yng nghoc Stanislav a'i gwthio'n ôl i'w drwsus. Ond drwy drugaredd, clywodd sŵn tuchan a daeth Stanislav allan o'r coed.

Roedd Sian wedi rhoi ei llaw dros ei llygaid . . . rhag ofn. Ond mi roedd Stanislav wedi cael cyfle i gau ei falog. Eisteddodd yn y car y tu ôl i Sian a syrthiodd i gysgu.

Arhosodd y car y tu allan i westy bychan yn Stryd y Fenai.

'Reit Rhys, mi âf i ddweud ei fod e wedi cyrraedd. Tyrd di ag e a'i gês miwn.'

Rhoddodd Rhys bwniad i ysgwydd Stanislav. Daeth rhesi o eiriau Pwyleg o'i geg.

'Mr Wlecicz, Stanislav, dan ni wedi cyrradd yr hotel.'

'Hotel! Hotel . . . bar . . . bar . . . tyrd, awn i'r bar . . . '

Erbyn hyn, roedd Sian a gwraig y gwesty wedi dod at y car i gyfarch y gwestai pwysig. Llusgodd Rhys o allan o'r car, camodd Stanislav yn weddol ansicr ei droed ar y pafin. Estynnodd ei law allan at wraig y gwesty . . . ac ar yr un pryd disgynnodd ei drwsus i'r llawr.

'Brenin mawr! Brensiach . . . !' Roedd gwraig y gwesty ar fin llewygu.

Roedd Sian wedi rhoi ei llaw dros ei llygaid unwaith eto.

'Rhys! Rhys! Gwna rhywbeth! Cod 'i drwser e! Cer â fe miwn i'r gwesty!'

Gwibiai llygaid Stanislav o'r dde i'r chwith ac yn ôl. Chwiliai am y dair lythyren hudol – B A R.

'Bar! Ble mae'r bar?'

Erbyn hyn, roedd gwraig y gwesty wedi dod at ei hun.

'Does 'na ddim bar ym Mron yr Haul. Gest hows ydan ni.' A chan bwyntio at Stanislav ychwanegodd, 'Dydach chi ddim yn cael gadael yr ... yr ... anifail yma yn fy gest hows i.'

Roedd Sian wedi panicio. 'Ond Mrs Davies bach, ŷn ni wedi trefnu iddo fe aros yma am fish.'

'Mis, brensiach mawr na! Chaiff o ddim bod yma eiliad!' meddai Mrs Davies gan blethu'i brechiau ar draws ei brest.

'Ond Mrs Davies. Mi wnaiff Rhys yma edrych ar 'i ôl e. Dyna ydy gwaith Rhys, edrych ar ôl Mr Wlecicz,' meddai Sian mewn panics llwyr.

Roedd hyn yn newydd i Rhys, ond cyn iddo gael cyfle i ddweud dim, cafodd orchymyn gan Sian i fynd â Stanislav i'w ystafell.

'Un noson, un noson yn unig. A bydd raid i chi chwilio am le arall iddo ... ' oedd geiriau olaf Mrs Davies cyn iddi ddiflannu i'r gegin.

Roedd Rhys yn y swyddfa'n gynnar y bore wedyn, ond cyn iddo gael dweud hanes Stanislav wrth Gwendolyn, mi ganodd y ffôn.

'Rhys? Sian sy' ma. Ddoi di i lawr i swyddfa fi'n syth. Fi isie siarad 'da ti.'

'Iawn, reit Sian. Mi ddo i lawr rŵan.'

Ac o fewn dim, roedd Rhys i lawr yn y Cei. Eisteddai Sian â golwg bryderus arni. Doedd hi ddim yn hi ei hun. Nid y Sian hyderus, llawn bywyd oedd hi.

'Rhys ... Rhys ... '

Torrodd allan i grïo.

'Sian, Sian, be sy?'

Camodd rownd y ddesg a bachu ar y cyfle i roi ei fraich o'i chwmpas.

Mmm . . . ma 'na ogla da ar ei sent hi, meddai wrtho'i hun gan edrych i lawr ei ffrog ar ei bronnau.

'Be sy' Sian? Be sy'?'

Gobeithiai na fyddai'n rhoi'r ateb yn rhy gyflym fel y câi aros â'i fraich amdani am beth amser.

'Stanislav . . . Stanislav . . . mae e . . . mae e wedi . . . wedi wdi . . . '

'Wedi wdi!? Be uffar ydy hynny?' gofynnodd Rhys, oedd erbyn hyn wedi tynnu ei fraich oddi arni er mwyn crafu ei ben.

'Mae e wedi wdi yn y gwely ym Mron yr Haul. A mae e wedi baeddu'r toilet yn ofnadw . . . ' Aeth y crïo'n waeth.

'O, wedi chwydu mae o. Dyw 'di hynny'n ddim byd. Fydda i'n gn . . . ' ond teimlai Rhys mai gwell fyddai peidio ymhelaethu ar ei drychinebau fo'i hun.

'O Rhys, be wna i? Be wna i?' meddai Sian â'i phen ar y ddesg.

Rhoddodd hyn gyfle arall i Rhys roi ei fraich amdani.

'Mae Mrs Davies wedi ffono'r heddlu i ga'l e mas o'r gest hows. Mae e'n ishte yn y toilet lawr stâr ac yn gwrthod symud.'

'Paid â crïo Sian. Ty'd, awn ni draw i'w gael o o'no. Mi ffendia i le iddo aros.'

'O Rhys, be fyswn i'n wneud hebddot ti . . . ' a rhoddodd gusan wlyb ar ei foch.

Roedd car yr heddlu a'i olau glas yn fflachio y tu allan i Fron yr Haul pan gyrhaeddodd y ddau. Aethant yn syth i mewn. Yno y tu allan i doilet ger yr ystafell frecwast roedd Mrs Davies yn crïo a Roberts y plisman yn gwasgu'i drwyn efo'i law dde.

'Chi . . . y . . . Miss . . . '

'Sian Heledd.'

Roedd Sian wedi ailfeddiannu ei hunanhyder erbyn hyn, yn

enwedig o gael Rhys yn gefn iddi.

'Wel Miss Heledd, dwi'n dallt mai chi sy'n gyfrifol am y llanast yma ym Mron yr Haul. Ellwch chi gael y . . . beth bynnag ydy o . . .

'Pôl ydi o,' torrodd Mrs Davies ar ei draws fel 'tasai hynny'n help i ddisgrifio'r dyn.

'Ellwch chi gael Paul o'ma? Rŵan!' gorchmynnodd Roberts.

'Dim Paul ydy 'i enw fe. Stanislav. Un o Wlad Pwyl yw e.'

'Ac mae o'n artist enwog,' ychwanegodd Rhys i'w chefnogi.

'Piss-artist 'swn i'n ddeud,' meddai Roberts gan grychu'i drwyn.

Daeth sŵn tuchan o ben arall i ddrws y tŷ bach. Gafaelodd pawb yn eu trwynau arwahân i Mrs Davies oedd eisoes â photel o smeling solts wrth law.

'Arglwydd ddyn, ti 'di byta dy nain, 'da?' gofynnodd Roberts.

Ac ar y funud honno, agorodd y drws. Yno'r oedd Stanislav, wedi brwsio'i wallt a'i fwstash ac yn edrych yn llawer gwell nag a wnâi y noson cynt.

'Ew, fodca'n gneud i ti cachu ben bore. Peth da iawn i gneud i ti ca . . . '

'Ydy, mae'n siŵr,' torrodd Sian ar ei draws. 'Dowch, Stanislav, mae'n rhaid i ni adel Bron yr Haul. Mae'n ddrwg iawn gen i Mrs Davies, mi dalith Cyngor y Celfyddyde am y . . . y . . . '

Roedd Stanislav yn cerdded allan drwy'r drws â'i fraich am Sian yn ceisio egluro yn ei Gymraeg clapiog sut y bu iddo gael damwain fechan. Dilynai Rhys nhw â chês Stanislav dan ei fraich.

Cyn iddo allu mynd yn bell, gwaeddodd Roberts y plisman ar ei ôl. 'Hei chdi. Os welai olwg o'r Pôl 'na'n cambyhafio eto, mi fyddai'n gafa'l ynddach chdi a fynta. Dallt?'

'Ydw, dallt yn iawn, Roberts,' meddai Rhys a rhedodd ar ôl Sian a Stanislav.

Aeth y tri i swyddfa Seiont Pi-Âr i gael cyfle i feddwl be i'w wneud â Stanislav.

Yno, wrth ei chyfrifiadur, roedd Gwendolyn. Trodd pan gerddodd y tri i mewn. Aeth ei llygaid yn syth at Stanislav. A'i lygaid yntau ati hithau. Plygodd ar un lin a gafael yn ei llaw. Edrychodd i fyw ei llygaid. Yna dechreuodd gusanu ei llaw a mwmian geiriau cariadus mewn Pwyleg.

Edrychodd Sian a Rhys ar ei gilydd.

'Mae'n rhaid i mi fynd nawr i drefnu gweithdai Stanislav yn y ganolfan. Elli di drefnu lle iddo fe ga'l aros Rhys?'

'Ia, iawn Sian. Mi wna i,' meddai heb fawr o syniad ymhle.

Rhoddodd Sian ei llaw ar ei ysgwydd a'i gusannu ar ei foch.

'Diolch, Rhys. Diolch am fy helpu'r bore 'ma . . . ' ac i ffwrdd â hi i lawr y grisiau.

Roedd Rhys wedi gweld cartŵns ble'r roedd sêr yn chwyrlïan o gwmpas pen un oedd newydd gael ei gusannu gan ferch ddeniadol. Ac felly y teimlai rŵan. Cerddodd i lawr y grisiau fel 'tai o'n neidio o un cwmwl i'r llall. Teimlai fel petai ganddo draed o wadin. Cerddai fel dyn o seilam â gwên barhaol ar ei wyneb . . . a cherddodd yn syth i mewn i Dic Llwynog oedd yn mynd heibio'r swyddfa.

'Gwylia ble ti'n mynd y ffŵl gwirion,' meddai Dic, gan rwbio'r droed yr oedd Rhys newydd ei sathru.

'Y . . . y . . . y sori Mr Llywelyn. Wnes i ddim ych gweld chi . . . '

'Naddo, mae'n amlwg. Os ti isio mynd yn dy flaen mewn busnas, rhaid i ti edrych lle ti'n mynd a pheidio sathru traed pobol . . . '

Cerddodd Rhys yn ôl ac ymlaen ar hyd Stryd Twll yn y Mur. Lle gâi o le i Stanislav aros? Os oedd o wedi cael ei hel allan o Fron yr Haul, châi o'r un gwesty na gest hows arall yng Nghaernarfon. Gwnâi Mrs Davies yn siŵr o hynny. Doedd na'm lle yn ei fflat o ac os oedd o'n cachu fel yna bob bore, doedd o ddim o'i isio fo beth bynnag.

Roedd ar fin mynd heibio'r *Darian Fach* pan glywodd lais yn gweiddi arno drwy'r ffenest. Huw Cris oedd yno. Mae'n siŵr bod ganddo fo syniad. Aeth i mewn i'r dafarn ac adroddodd hanes Stanislav Wlecicz wrth Huw Cris. Methodd Huw Cris ag yfed yr un diferyn o gwrw am ddeng munud cyfan – roedd o'n chwerthin gormod.

' . . . a rŵan, dwi angan lle iddo aros, Huw. 'Sgin ti syniada?'

'Mae hi 'di cachu arna chdi,' meddai Huw, gan rowlio chwerthin ar ei jôc ei hun.

Doedd Rhys ddim yn gweld y sefyllfa'n ddoniol, ac roedd hynny'n amlwg ar ei wyneb.

'Ia, wela i dy broblem di,' medda Huw Cris. Fydd raid iddo ga'l lle ar ben 'i hun wrth gwrs. Fflat neu dŷ bach amdani felly.'

Crafodd ei ben a chymryd llond ceg o'r Stela. Cyrhaeddodd hwnnw fan nad oedd yn cyrraedd yn aml.

'Wn i, mae 'na fflat ddim yn bell oddi wrthach chdi yn Twtil. Nymbyr sefn. Llawr gwaelod. 'Neith o ddim disgyn i lawr grisia, ac mi gei di gadw golwg arno. Yli, mi ffonia i Wil Maffia rŵan i ofyn am y fflat. Fydd pres yn broblem 'da?'

'Na, mi fydd y ganolfan gelfyddyda'n talu. Ew, grêt Huw, diolch boi. Arna i beint i chdi . . . '

Ac allan â Rhys ac i'r swyddfa i dorri'r newydd da i Stanislav – ac yn arbennig i Sian.

Pan gyrhaeddodd, roedd Gwendolyn a Stanislav yn eistedd o gwmpas desg. Potel o fodca hanner gwag yn y canol a chwpan yn llaw bob un. Roedd lipstic Gwendolyn wedi ymledu rhyw fodfedd o gwmpas ei cheg ac roedd smotiau coch ar flew mwstash Stanislav.

Gan nad oedd yr un o'r ddau wedi cymryd sylw o Rhys, pesychodd. Gwnaeth hynny fawr o wahaniaeth gan bod y ddau'n syllu i lygaid ei gilydd ac yn anwybyddu pob dim arall.

'Y . . . y . . . dwi 'di ca'l lle i chdi aros Stanislav. Y . . . fflat yn Twtil, llawr gwaelod . . . rhag ofn i chdi . . . '

'Fflat! Fflat!' Tynnodd Stanislav ei lygaid oddi ar Gwendolyn am ei eiliad. 'Fi Stanislav Wlecicz, cerflunydd gorau Polska mewn fflat. Fi eisiau gwesty moethus . . . efo bar . . . '

'Ond Stanislav, neith neb dy gymryd di ar ôl neithiwr. Y chwdu a'r cachu a'r petha . . . ' ceisiodd Rhys egluro.

Tynnodd Gwendolyn ei llygaid oddi ar Stanislav pan glywodd y ddau air, ond cyn iddi gael cyfle i holi ymhellach roedd Stanislav wedi plygu dros y ddesg ac yn ei chusanu unwaith eto.

Esu, mae hyn yn embarasing, meddai Rhys wrtho'i hun. Yna canodd y ffôn. Doedd Gwendolyn ddim fel petai hi am ei ateb, felly cododd Rhys y teclyn. Huw Cris oedd yno.

'Bob dim yn iawn, Rhys. Gei di fynd â'r cachwr a'i betha yna rŵan.'

'Esu, diolch Huw unwaith eto. Arna i beint i ti cofia.'

Pesychodd Rhys. 'Mae'r fflat yn barod. Awn i draw ia, Stanislav . . . ?'

Atebodd hwnnw mohono.

Stryffagliodd Gwendolyn o'i freichiau. 'Mae'n rhaid i mi wneud chydig o waith Stanislav. 'Sa'n well i ti fynd efo Rhys.'

'Heno . . . cariad . . . heno . . . ' meddai Stanislav a'i wefl uchaf yn crynu dan ei fwstash.

'Na . . . na . . . dim heno,' meddai Gwendolyn â deigryn yn ei llygaid dde. 'Mae gen i gyfarfod . . . cyfarfod pwysig . . . pwysig iawn heno . . . '

Wedi ymweld â'r fflat, aeth y ddau i lawr i'r ganolfan gelfyddydau.

'Yma y byddwch chi'n gweithio, Stanislav,' meddai Sian gan gyfeirio at gornel â bwrdd ynddi. 'Oes yna unrhyw beth yr ydych chi eisiau?'

'Fodca, fodca . . . a Gwendolyn . . . '

Edrychodd Sian yn syn arno. Doedd y cais cyntaf ddim yn

syndod iddi . . . ond Gwendolyn?

'Mae'n ddrwg gen i – dim fodca,' a chyfeiriodd at arwydd yr oedd newydd ei wneud ar ei chyfrifiadur:

Ni chaniateir unrhyw alcohol yn y ganolfan grefftau
ac ni chaniateir neb meddw i ddod yma.

'Ac mae Gwendolyn yn brysur . . . ' ychwanegodd Rhys.

'Ond ble fi mynd i gael ysbrydoliaeth?' gofynnodd Stanislav â'i ddwylo i fyny yn yr awyr.

'Mi aiff Rhys â chi o gwmpas tref Caernarfon. Mae hon yn dref hanesyddol a nodedig o ran pensaernïaeth. Os na chewch chi ysbrydoliaeth yma, chewch chi'n unman!'

Ac yn wir, dros yr wythnosau a ddilynodd mi gafodd Stanislav Wlecicz ysbrydoliaeth yn nhref Caernarfon – yn y tafarnau rhan amlaf. Bu wrthi'n casglu deunyddiau o gwmpas y dref ar gyfer ei gerflun. Roedd wedi penderfynu y byddai'n creu cerflun deg troedfedd o uchder i gynrychioli Caernarfon. Roedd wedi mynnu ei fod eisiau llonydd i greu, ac roedd Sian wedi rhoi ystafell yng nghefn y ganolfan iddo.

Bob tro yr âi yno â phaned o goffi iddo, taflai Stanislav gwrlid dros ei gampwaith.

Ond nid y dref yn unig roddai ysbrydoliaeth iddo. Mi roedd un o'i thrigolion hefyd wedi ei ysbrydoli – nid yn broffesiynol, o bosib. Roedd Stanislav a Gwendolyn i'w gweld gyda'i gilydd ym mron pob digwyddiad o bwys yng Nghaernarfon. Ac yn aml iawn, roedd Sian a Rhys yno i edrych ar eu holau. Roedd Stanislav wedi dod i adnabod pawb o bwysigion y dref, ac er ei fod braidd yn amrwd i dâst ambell un, mi roedden nhwythau wedi dod i'w adnabod o.

Canodd y ffôn yn swyddfa Seiont Pi-Âr yn gynnar un bore.

'Ms Prydderch? Richard Llywelyn y Maer yma.'

'O, Mr Llywelyn sut ydach chi?'

'Fel 'dach chi'n gwybod yn siŵr, mi fydda i'n cynnal parti

bach yn y tŷ 'ma i rai o bobol amlwg y dref, a meddwl o'n i y buasach chi a Rhys eich partner – fel rhai sydd wedi sefydlu busnes yn y dre 'ma – yn hoffi dod draw. A dowch â dau arall efo chi os dach chi isio.'

'Mr Llywelyn! Wel, diolch yn fawr iawn. Wrth gwrs y down ni. Mae hi'n anrhydedd.'

Cymerodd Gwendolyn y manylion i lawr ar bapur a chan ddiolch am y deuddegfed tro, rhoddodd y ffôn i lawr.

'Pwy oedd hwnna? Gwaith i ni?' Mi roedd Rhys wedi clywed diwedd y sgwrs wrth gerdded i mewn.

Eglurodd Gwendolyn fod yr anrhydedd fwyaf wedi dod i'r cwmni. Gwahoddiad i barti Dic Llwynog. Hai-sbot calendr cymdeithasol tre Caernarfon.

'Ac mae 'na wahoddiad i ni ddod â rhywun efo ni. Cofia ofyn i Sian, ac mi ddo' i â Stanislav . . . '

'Stanislav? Pam 'di Derec ddim yn cael dwad?'

'Fydd o ddim isio 'sti. Mae o'n hapusach adra o flaen y teledu'n gwylio rygbi a phetha. Does dim byd yn gymdeithasol iawn yn Derec.'

Am saith o'r gloch nos Sadwrn, mi roedd y pedwar yn Audi Gwendolyn yn teithio i gyfeiriad Llys Llywelyn. Tŷ modern wedi ei gynllunio gan bensaer o Fanceinion. Tŷ ar fryncyn a edrychai i lawr ar y dre a'i phobol. Tŷ a edrychai dros y Fenai a honno ar ei gorau ar noson fel heno, a'r haul yn disgleirio ar wyneb y dŵr.

Bu yna baratoi manwl ar gyfer y digwyddiad. Roedd y pedwar wedi cael taith i Gaer i brynu dillad, ac roedd ecspens acownt Seiont Pi-Âr wedi bod yn gweithio goramser. Prynodd Gwendolyn a Sian y ffasiynau diweddaraf – heb fod yn rhy fflashi, wrth gwrs. Wedi cryn berswâd, mi benderfynodd Rhys ar siwt newydd – er doedd honno oedd ganddo fawr gwaeth, medda fo.

Roedd Stanislav hyd yn oed yn fwy o broblem. Oherwydd ei ysgwyddau mawr a sgwâr, roedd cael hyd i siwt addas iddo'n dasg anodd iawn. Ond wrth gerdded o siop i siop, a hithau'n tynnu at derfyn dydd, mi ddaethon nhw ar draws siop yn gwerthu dillad ar gyfer y llwyfan. Ac yno – yn y ffenest yn ei holl ogoniant – roedd siwt Cosac.

Crys gwyn a ffrils ar ei flaen; belt mawr llydan o ddefnydd coch; trywsus du tynn, a phâr o fwts duon yn sgleinio. Cafwyd cryn drafferth i berswadio Stanislav nad oedd angen yr het flewog a hithau'n haf ac y byddai'n dychryn pobol Caernarfon pe byddai'n dod â'r cleddyf efo fo.

Nesâi'r Audi at Lys Llywelyn. Yno, wedi parcio yn y dreif, roedd ceir crandiaf Caernarfon. Mercedes, Jaguars, Range Rovers, Porches . . . Parciodd Gwendolyn yr Audi o dan goeden ychydig i'r dde o'r ceir eraill.

Yno'n eu croesawu wrth y drws roedd Dic Llwynog a dyn mewn siwt pengwin wrth ei ochr yn cynnig diod i bawb oddi ar drê. Cymerodd Gwendolyn, Sian a Rhys wydraid yr un, ond wrth i Stanislav fynd heibio'r pengwin, mi gymerodd y trê oddi arno.

Yn wir, Stanislav oedd seren y noson. Holai pawb sut oedd y cerflun yn dod yn ei flaen, a thra cadwai pawb o i siarad, câi ei gadw oddi wrth y bwrdd diod. Un botel fodca oedd ar y bwrdd, ac erbyn i Stanislav gyrraedd, mi roedd honno bron yn wag. Erbyn iddo'i chodi i'w wefusau, mi roedd yn hollol wag. Gafaelodd yn y gwydryn mwyaf ar y bwrdd a dechreuodd wagio cynnwys rhai o'r poteli eraill iddo.

Roedd Gwendolyn yn ceisio cynnal sgwrs â John Garej Goch ac ar yr un pryd yn cadw golwg ar Stanislav. Pan welodd y poteli'n gwagio, mi fu raid iddi esgusodi ei hun. Ond cyn iddi gyrraedd ato, roedd Huw Preis y prifathro yno, ac wedi dechrau sôn am ei fynych deithiau y tu hwnt i'r Llen Haearn, pan oedd hwnnw'n bodoli wrth gwrs. Doedd yna ddim antur o fynd yno rŵan, meddai Preis.

Mi soniodd Preis am gân yr oedd wedi ei chlywed ar ei deithiau. Ac yn wir, roedd hon yn un o hoff ganeuon Stanislav.

Yn sydyn, neidiodd Stanislav ar y bwrdd a chyda potel o wisgi yn un law a chleddyf addurn o wal Dic Llwynog yn y law arall a dechreuodd ganu *Cân y Milwr Dewr*.

Distawodd pob sgwrs – rhai pwysig a mân siarad. Roedd pawb wedi'u synnu ac yn wir, mi roedd rhai wedi gorfod symud rhai lathenni oddi wrth y bwrdd gan fod y cleddyf yn chwifio i bob cyfeiriad.

Cafodd gymeradwyaeth frwd. Ond pan aeth ar ben y bwrdd am y chweched tro, cymerwyd y cleddyf oddi arno rhag ofn i rywun gael ei anafu. Roedd Stanislav wedi llyncu mul ac eisteddai wrth ochr y bwrdd diod yn llenwi'i wydr efo popeth oedd ar gael.

Yn sydyn, neidiodd yn ôl ar y bwrdd. Aeth Gwendolyn ato.

'Stanislav, plîs tyrd i lawr. Mae pawb wedi clywed y gân yna ddigon o weithiau. A beth bynnag, 'sgen ti ddim cleddyf rŵan.'

Agorodd Stanislav ei felt coch a disgynnodd ei drwsus dros ei draed. Gafaelodd yn ei goc a dechrau'i chwifio fel cleddyf i rythm *Cân y Milwr Dewr*.

'O mai god!' Roedd Mrs Llywelyn ar fin llewygu tra'r oedd y merched eraill yn gwthio'u hunain i'r blaen i gael gwell golwg.

Ond, ac yntau heb hyd yn oed ddechrau ar y trydydd pennill, mi gollodd ei falans. Disgynnodd yn un swp ar ei gefn ar y llawr a'i 'gleddyf' at i fyny. Rhedodd Gwendolyn ato a thaflu lliain bwrdd dros ei ganol.

'Stanislav, ti'n iawn? Ti'n iawn?' gofynnodd yn bryderus.

Roedd yn dal yn fyw. Gorweddai ynghanol pentwr o wydrau a photeli wedi'u malu. Ac roedd amryw o'r cadeiriau â'u coesau'n gwthio allan ar led.

O'r diwedd, daeth y diwrnod mawr. Roedd Stanislav Wlecicz am ddatgelu ei gampwaith creadigol. Roedd Seiont Pi-Âr wedi gwahodd pawb o bwysigion y dref i Westy'r *Brython* ar gyfer yr achlysur. Doedd y ganolfan gelfyddydau ddim digon mawr, ac fel y pwysleisiodd Stanislav fwy nag unwaith, doedd yna ddim bar yno.

Ar lwyfan bychan yng nghornel yr ystafell fwyaf yn y gwesty, roedd y cerflun dan gwrlid a bwrdd wrth ei ochr. Ar y bwrdd y tu ôl i boteli fodca a gwydrau, eisteddai Stanislav a Dic Llwynog rhwng Gwendolyn a Sian.

Wedi traethu hir gan Dic ac amenio gan Stanislav, daeth yn amser i ddadorchuddio'r cerflun. Sian gafodd yr anrhydedd . . .

'Ŷf fi'n falch iawn fy mod i a Chanolfan Gelfyddyde'r Cei wedi cael y cyfle i ddod ag artist o fri rhyngwladol fel Stanislav yma i dref Caernarfon. Ac mae Stanislav wedi mynd ati i roi ei argraffiade o'r hen dref yma at ei gilydd i greu cerflun sy'n cynrychioli beth mae e wedi ei weld yma . . . '

A rhoddodd blwc ar y llinyn. Distawrwydd. Yna . . . Aaaaahhhh. Be uffar ydy hwnna? Mae 'na ogla uffernol arno!

Ac yn wir, yn un pentwr deg troedfedd, roedd Stanislav wedi gludo poteli a chaniau cwrw gwag, bocsus pitsa, pacedi chips, chwd, condoms a chachu ci.

Cododd Stanislav ar ei draed ac estyn ei fraich at y cerflun. 'Dyna i ti Caernarfon . . . '

Roedd rhai am ei waed. Rhag ei gywilydd o! Y fforiner diawl! G'neud hwyl am ben dre!

Mi sylwodd Gwendolyn fod pethau'n dechrau mynd yn flêr. Safodd ar ei thraed a defnyddio'i holl sgiliau Pi-Âr.

'Gyfeillion, gyfeillion. Mae'n bosib bod rhai ohonoch wedi'ch siomi. Ond mae Mr Wlecicz yn ŵr o allu anarferol.

Dyma mae'n siŵr oedd ymateb y werin i weithiau Michaelangelo, Rubens, Donateli . . . '

Ond cyn iddi gael gorffen ei rhestr, roedd rhai wedi camu i'r llwyfan ac wedi ymosod ar y cerflun. Mi roedden nhw'n llygadu Stanislav hefyd.

'Dowch ffordd hyn,' ac arweiniodd Rhys nhw am y cefn. O

fewn dim o dro, roedden nhw allan yn yr awyr iach.

Dechreuodd Sian grïo. Rhoddodd Rhys ei fraich amdani.

'Be sy Sian? Pam ti'n crïo?'

'Mae pob dim wedi mynd o'i le. O'n i'n gobeithio y byddai campwaith Stanislav wedi rhoi fy nghanolfan gelfyddyde i ar y map celfyddydol. Ond doedd e'n ddim byd . . . ond . . . cachi . . . cachi . . . cachi . . . '

' . . . a chwd a photeli lysh a . . . ' ychwanegodd Rhys.

Ond aeth y crïo'n waeth. Gadawodd Gwendolyn a Stanislav y ddau a sleifio oddi yno law yn llaw.

'Tyrd yn ôl i fflat fi,' gorchmynnodd Stanislav, 'i ni gael . . . '

Cerddodd y ddau i fyny Twtil gan oedi cyn mynd i mewn i edrych ar y Fenai'n disgleirio oddi tanynt.

Agorodd Stanislav y drws gan ysgubo pentwr o amlenni i un ochr. Gafaelodd Gwendolyn ynddynt a'u cario i'r stafell fyw.

'Brenin, mae 'na olwg yma Stanislav,' meddai wrth edrych ar y llanast oedd ar y llawr a'r dodrefn.

'Fi dim ods, Stanislav wedi byw mewn llefydd gwaeth. Dyma cartref fi rŵan. Rhif 7 Rhes Twtil, Caernarfon, Cymru. Er mwyn i fi gael bod yn agos at fy Gwendolyn.'

Ond roedd llygaid Gwendolyn wedi glanio ar amlen frown swyddogol ag arni stamp y Swyddfa Gartref.

'Be ydy hon, Stanislav?' gofynnodd.

'Fi dim gwybod. Fi byth sbïo ar llythyrau fi. Fi dim amser. Cerflunydd fi, dim biwrocrat.'

Agorodd Gwendolyn yr amlen. Llythyr oedd yno'n rhybuddio Stanislav Wlecicz bod ei gyfnod ym Mhrydain wedi dod i ben ers rhai wythnosau. Roedd i fod i gysylltu â'r swyddfa heddlu leol i ddweud beth oedd ei drefniadau i ddychwelyd i'w wlad ei hun.

Eglurodd Gwendolyn be oedd y cynnwys.

'Fi dim mynd adref. Fi aros yma hefo ti. Tyrd f'anwylyd . . . '

Gafaelodd yn Gwendolyn a dechrau'i chusanu.

'Ond Stanislav . . . os . . . na wnei . . . di . . . rywbeth . . . mi . . . fydd . . . yr . . . heddlu . . . '

Ceisiai siarad rhwng y cusanau. Ond fel y gwasgai Stanislav hi'n dynnach a'i thynnu i lawr ar y mat blewog o flaen y lle tân, anghofiodd Gwendolyn bopeth am y llythyr bygythiol.

Roedd Rhys a Gwendolyn yn y swyddfa'n trafod ymgyrch hysbysebu gyda Wil Sliwan, perchennog cwch bleser a gariai ymwelwyr o gwmpas Bae Caernarfon, pan ddaeth cnoc awdurdodol ar y drws a cherddodd Roberts plisman i mewn. Neidiodd Wil Sliwan o'i gadair.

'Yyy . . . dwi'm 'di bod yn . . . yy . . . '

'Mae'n bosib iawn bo chdi, ond dim ar dy ôl di ydw i heddiw,' meddai Roberts. 'Chi dwi isio heddiw,' meddai gan gyfeirio at Gwenolyn.

'Y fi?' gofynnodd Gwendolyn mewn syndod. Yn sydyn, cofiodd i blisman ei gweld yn gwneud naw deg milltir yr awr ar stretsh Pontllyfni echdoe.

'Y . . . y . . . y mae'n ddrwg iawn gen i PC Roberts. Ar dipyn o frys o'n i . . . cyfarfod pwysig . . . '

'Na, dim y chi'n bersonol, Miss Prydderch, ond y Pôl 'na dach chi hefo fo byth a beunydd.'

'Stanislav?'

'Ia, hwnnw. Lle mae o?'

'Ym . . . yn ei fflat, yn y ganolfan gelfyddydau . . . yn . . . ?

'Nadi, dwi wedi bod yn y ddau le yna. Does na'm golwg ohono. Mae o mewn trwbwl mawr Miss Prydderch. Ma'i fisa fo wedi dod i ben ac mae o'n iligal eliyn. Mi 'dan ni ar ei ôl o.'

'Dydi o ddim yn bell, mae'n siŵr PC Roberts. Mi â' i chwilio amdano.'

Trodd Roberts plisman ar ei sawdl a chlywyd Wil Sliwan yn rhoi ochenaid o ryddhad.

'Caria di mlaen efo Wil S . . . y . . . y . . . Mr Smith,' meddai Gwendolyn wrth Rhys, 'ac mi â' i chwilio am Stanislav . . . '

Crwydrodd Gwendolyn dre Caernarfon yn chwilio am Stanislav. Rhoddodd ei phen i mewn i dafarnau na fu hi'n agos atynt o'r blaen. Ond doedd dim golwg ohono.

Cerddodd yn ddigalon yn ôl am y swyddfa, ond wrth gerdded heibio'r *Darian Fach* clywodd lais yn gweiddi arni, 'Hei Gwendolyn.'

Edrychodd i'r chwith ac yno roedd Huw Cris.

'Huw, sut ydach chi? Ydach chi'm yn digwydd bod wedi gweld Stanislav naddo?'

'Wel, do'n rhyfedd iawn. Pan o'n i ar y ffordd i lawr yma, mi roedd o ar 'i ffordd i fyny am Twtil. Dim lle mae o'n byw, ond i ben y bryn.'

'Diolch Huw . . . ' a cherddodd Gwendolyn am y car a gyrru i fyny am Twtil i chwilio am Stanislav.

Doedd y sgidiau sodlau uchel fawr o help i gerdded y llwybr serth, caregog i ben Twtil. Ond wedi stryffaglio yno, pwy welai yn eistedd ar fainc yn edrych allan ar y Fenai ond Stanislav. Edrychai'n ddigalon, ddim fel fo'i hun. Pan welodd Gwendolyn yn cerdded ato, neidiodd i fyny a rhoi ei freichia'n dynn amdani. Dechreuodd grïo.

'Be sy' Stanislav? Be sy'?' gofynnodd Gwendolyn yn bryderus.

'Fi dim isio mynd yn ôl i Gwlad Pwyl. Fi isio aros yma hefo ti, Gwendolyn. Mae'r heddlu wedi bod yn chwilio amdana i. Mi ddaethon nhw i'r fflat y bore 'ma ond gwnes i dim agor drws ac yna mi gwnes i dringo allan trwy ffenest y bathrwm . . . ac allan i fan'ma. Maen nhw ar fy ôl i Gwendolyn, fel yn yr hen ddyddiau yn Gwlad Pwyl . . . '

Am unwaith, doedd gan Gwendolyn ddim syniad beth i'w wneud, ond rhoddodd ei brechiau'n dynn am Stanislav. Wedi hanner awr o afael yn dynn yn ei gilydd ac heb ddweud fawr ddim ond syllu allan dros y Fenai, penderfynodd Gwendolyn efallai y gallai Rhys eu helpu.

Ar adegau fel hyn, roedd gan Rhys well syniad be i'w wneud. Roedd ganddo brofiad o rai'n ceisio cadw draw o ddwylo'r heddlu, ond roedd hwn yn fyd newydd i Gwendolyn.

Yn ddiweddarach y diwrnod hwnnw, cafodd Rhys le i Stanislav i gysgu ar lawr efo ffrind iddo ym Mur Coch, ystad o dai cyngor nad oedd yr heddlu ond yn mentro iddi os oedd yna o leiaf ddwsin ohonyn nhw – a hynny yng ngolau dydd.

Deuai Stanislav allan bob hyn a hyn i gyfarfod Gwendolyn ac âi'r ddau allan i'r wlad am bryd o fwyd ac yna stopio mewn ambell le-bai ar y ffordd adref. Ond am ba hyd oedd hyn yn mynd i bara?

Un noson roedd Seiont Pi-Âr wedi trefnu parti i rai o fois y wasg – rhai y dibynnai'r cwmni'n helaeth arnynt am eu cydweithrediad, ac mi roedden nhw wedi llogi *Joe's Diner* am y noson. Sleifiwyd Stanislav yno drwy ffenest y gegin rhag ofn fod yr heddlu'n cadw gwyliadwriaeth ar swyddfa Seiont Pi-Âr.

Yno, cafwyd noson i'w chofio. Y gwin yn llifo a Stanislav yn mynd trwy'i bethau. Roedd Rhun Wa wedi clywed am *Gân y Milwr Dewr* ac yn arbennig gan nad oedd cleddyf yn y tŷ bwyta, roedd am i Stanislav ei chanu unwaith eto. Ond doedd Gwendolyn ddim am ganiatáu hynny, a gorchmynnodd Garym Lewis i gael gwell trefn ar ei staff.

Tua thri o'r gloch, mi wnaeth Joe hi'n glir ei fod am gael gweld ei wely'r noson honno, ac wedi gofyn a gofyn, mi gafwyd yr hacs i gyd i dacsis – rhai yn dra blinedig ac yn gorfod cael eu cario.

Gwthiwyd Stanislav yn ôl allan drwy ffenest y gegin gyda chyfarwyddyd iddo aros ar gornel y stryd ac y byddai Gwendolyn yn ymuno ag o. Yna, cerddodd Rhys am adref tra aeth Gwendolyn i chwilio am Stanislav. Roedd yn disgwyl amdani, a cherddodd y ddau fraich ym mraich drwy strydoedd gweigion Caernarfon.

'Wyt ti'n dal yn bryderus am yr heddlu?' gofynnodd Gwendolyn iddo.

Drwy'r noson, bu Stanislav yn drachtio'n helaeth o'r poteli ac roedd wedi cael llond cratsh o win coch.

'*Polisia*! Pa! Na fi dim ofn *polisia*. *Polisia* Cymru'n ffyc-ôl

– fi wedi arfer efo *polisia Polski* a'r KGB.'

'Ond ma'n rhaid i ti fod yn ofalus . . . '

Ceisiodd Stanislav ei chusanu.

'Dim yn fan hyn. Lle gawn ni fynd?' gofynnodd Gwendolyn gan edrych o'i chwmpas.

'Tyrd, awn ni i fflat fi. Mae copars Caernarfon i gyd yn gwlâu nhw erbyn hyn.'

O fewn dim, roedd y ddau wedi cyrraedd fflat Stanislav. Agorodd y drws ac arweiniodd hi i'r stafell fyw. Gafaelodd yn dynn ynddi a'i chusanu mor galed nes oedd ei fwstash tew yn suddo i'w bochau.

Dechreuodd dynnu amdani. Yr un pryd, roedd Gwendolyn wedi rhwygo'i grys i ffwrdd. Rhoddodd hi ar ei gefn a'i chario i'w ystafell wely. O fewn dim roedd y ddau'n noethlymun a Stanislav ar ei chefn.

'O Stan . . . O Stan . . . '

'Gwendolynsci . . . Gwendolynsci . . . '

Teimlai Stanislav fel pe bai'n marchogaeth un o geffylau gwyllt gwastadeddau ei famwlad.

'O Stan . . . O Stan . . . O Stanislav . . . ' griddfannodd Gwendolyn.

'Stanislav Wlecicz . . . '

Roedd llais Gwendolyn wedi newid ac wedi mynd isel iawn, meddai Stanislav wrtho'i hun. Tybed oedd o wedi cyffwrdd ei thonsils?

'Stanislav Wlecicz!'

Gafaelodd pâr o ddwylo cryfion ynddo a'i lusgo oddi ar Gwendolyn.

'Stanislav Wlecicz. Rwy'n eich arestio chi am aros ym Mhrydain wedi i'ch fisa ddod i ben.'

Daliai Gwendolyn i wingo a griddfan er bod Stanislav erbyn hyn yn sefyll yn noeth yng nghanol y llawr.

Edrychodd un o'r plismyn arno.

'Sa'n well i ni gael o am posesion of an offensif wepyn hefyd, Sarj?'

5. Cwna

'Gwendolyn Pritchard!'

Roedd Gwendolyn yn cerdded i lawr y Stryd Fawr ar y pryd. Clywodd y llais yn gweiddi eto ynghyd â chanu corn y tro hwn.

Edrychodd o'i chwmpas. Roedd Land Rover a honno'n gachu i gyd wedi stopio rhyw ddecllath oddi wrthi. Ynddi, neu'n hanner hongian allan ohoni, roedd dyn main wynepgoch â chap stabal ar ei ben.

'Gwendolyn Pritchard! Dowch yma!'

Ddylai hi ei anwybyddu ynteu cerdded ato a rhoi llond ceg iddo?

'Dowch yma, mae gen i fusnes i chi.'

Doedd Gwendolyn ddim am drafod unrhyw fusnes ar gornel stryd, felly cerddodd ato. Amneidiodd y dyn iddi gerdded at y drws arall a phlygodd dros y sêt i'w agor iddi.

Os oedd golwg ar y Land Rover y tu allan, roedd y tu mewn yn saith gwaeth. Ynghyd â mwy o gachu, roedd yno wellt a phapurau a photeli moddion a . . . Rhoddodd Gwendolyn y gorau i edrych ar y llanast. Roedd perchennog y cerbyd wedi sylwi nad oedd hi'n awyddus iawn i ddod i mewn. Â'i law, cliriodd y gwellt oddi ar y sêt a rhoddodd gopi gweddol lân o *Farmers Weekly* dros weddill y llanast oedd arni.

Doedd y sgert gwta gul oedd gan Gwendolyn ddim wedi'i gwneud i ddringo i Land Rovers a chafodd gryn drafferth. Cafodd perchennog y cerbyd hefyd gryn drafferth i gadw'i lygaid oddi ar fflachiadau o'i gafl.

'Gwendolyn Pritchard,' meddai unwaith eto gan estyn ei law

galed, gorniog iddi wedi iddo'i sychu ar ochr ei drwsus.
'Gwilym Huws, Rerw Fawr, Talsarn . . . '

'Prydderch!' sgyrnygodd Gwendolyn arno.

'Na, Gwilym. Prydderch oedd 'Nhaid . . . ' atebodd y dyn
mewn penbleth.

'Na, na, na! Gwendolyn PRYDDERCH . . . nid Pritchard!'

'O sori, Mrs Prydderch,' ymddiheurodd Gwilym Huws reit
sydyn, gan nad oedd erioed wedi gweld dynes mor wyllt â
Gwendolyn o'r blaen

'Na, Mssss Prydderch!'

'O, hen ferch dach chi? Beth ddel 'fyd,' meddai Huws gan
geisio'i thawelu. 'Ma'r mab cw'n chwilio am wraig . . . '

'Na, na,' dechreuai Gwendolyn golli'i limpyn. 'Mi rydw i
wedi priodi. Hefo Derec Brown. Ond dwi'n galw'n hun yn
Gwendolyn Prydderch!'

'O, ych enw chi cyn priodi felly, ia? Mr Prydderch oedd eich
tad?' gofynnodd Huws gan grafu'i ben.

'Na, na . . . Robert Prydderch Thomas oedd Dad . . . O! Be
'di'r ots! Be 'dach chi isio ddyn?' gofynnodd Gwendolyn, gan
edrych yn sarrug arno.

'O ia, Gwilym Huws 'dw i. Huws ar ôl 'y 'Nhad . . . a
'Nhaid 'sa hi'n dod i hynny.'

Roedd Gwendolyn ar fin gadael y Land Rover.

'A . . . a fi 'di ysgrifennydd Treialon Cŵn Defaid Talsarn . . .
a . . . ' Brysiodd cyn iddi adael. 'A dan ni isio help gynnoch chi
. . . a'ch cwmni . . . Seiont Ê-Ai . . . neu beth bynnag 'di enw
fo.'

'Pi-Âr! Seiont Pi-Âr!'

'Dydy peth ddim mor dda â buon nhw flynyddoedd yn ôl,'
eglurodd Huws. 'Bobol o bob man, y cŵn gora'r adag honno.
Ond rhyw lond dwrn sy'n dwad rŵan. A rhyw feddwl oeddan ni
y bysach chi'n gallu'n helpu ni.'

'Sut felly?' gofynnodd Gwendolyn gan wasgu'i thrwyn rhag
yr arogl silwair a ddeuai o gefn y cerbyd.

'Cyhoeddusrwydd. Dyna rydan ni isio. A dwi'n dallt, o holi o gwmpas, eich bod yn arbenigwraig. Wedi gweithio i'r BiBiEc hefyd, ro'n i'n dallt.'

'Hmm, wel ïa. Diolch yn fawr,' meddai Gwendolyn, yn ddiolchgar ei fod o'r diwedd wedi dweud wrthi beth oedd ar ei feddwl. 'Ond mae . . . mae cyhoeddusrwydd yn gallu bod yn ddrud w'chi, a . . . a dydy petha ddim yn rhy dda ar ffermwyr y dyddiau hyn, yn nac ydyn?'

'Wel, ym, na,' meddai Huws oedd wedi tynnu'i gap ac wedi dechrau crafu'i ben. 'Ond . . . ond mae gynnon ni rhyw gelc bach ar ôl w'chi, 'merch i,' meddai a rhoi winc i Gwendolyn. 'Rhyw obeithio o'n i y bysach chi'n dod draw i'r cwarfod blynyddol nos Fercher nesa, hefo rhyw chydig o syniada i ni. A phris a phetha felly.'

'A ble mae'r cyfarfod Mr Huws?' gofynnodd Gwendolyn, wedi tawelu rhywfaint o sylweddoli bod yna gyfle i wneud ceiniog neu ddwy.

'Yn tŷ ni. Yn Rerw Fawr am wyth. Ar ôl i bawb orffen godro a phorthi'n de.'

Cyn i Gwendolyn roi ei hateb, taniodd Huws yr injan. 'Reit ta, nos Fercher,' meddai ac aeth Gwendolyn allan i'r awyr iach.

Doedd gan Gwendolyn fawr o awydd mynd i Rerw Fawr, ond doedd Rhys ddim ar gael. Noson darts medda fo. Ffeinal. Ac roedd hi'n colli Stanislav. Efallai y byddai trip i'r wlad yn mynd â'i meddwl oddi ar ei hiraeth.

Beth i'w wisgo oedd un broblem. Wnâi ei gwisg fusnes arferol mo'r tro. Os oedd y Land Rover mor fudr â hynny, fedra hi ddim dychmygu sut olwg fyddai ar y buarth. Penderfynodd ar y cyntri lwc. Côt o frethyn Cymreig, jîns tyn golau a phâr o fŵts cadarn.

Doedd y ffordd gul, droellog i Rerw Fawr yn gwneud dim lles i sysbenshion yr Audi, ond o'r diwedd gwelodd olau yn y pellter. Cyrhaeddodd y buarth ac yno'n un rhes roedd cymysgedd o gerbydau gyriant 4-olwyn oedd – er yn faw drostynt – yr un wedi costio llai nac ugain mil o bunnau i'w berchennog.

Drwy lwc, trawai golau'r tŷ dros rywfaint o'r buarth, a chamodd Gwendolyn fel dawnswraig llinell rhwng y pyllau o ddŵr budur a gwaeth.

Curodd y drws. Agorodd. Curodd ei chalon. Yno, heb grys na fest, yn gyhyrau i gyd, efo gwallt du cyrliog yn disgyn dros ei dalcen lydan, safai . . . ffermwr ifanc!

Teimlai ei gwefusau'n gwlychu. 'Ccc . . . cŵ . . . ŵŵn defaid . . . ' oedd yr unig eiriau ddeuai i'w meddwl.

Cydiodd y gŵr ifanc yn ei llaw ac arweiniodd hi i mewn i'r tŷ. Rhoddodd ei fraich y tu cefn iddi a'i thywys i'r parlwr.

'Gwendolyn Prydderch, Dad . . . dwi'n meddwl. Mi adawa i chi gario 'mlaen felly.'

Roedd yno bedwar o ddynion bochgoch o gwmpas bwrdd â phapurau o'u blaenau.

Gwilym Huws oedd un. 'Diolch i chi am ddod draw Miss Pritch . . . Prydderch.' Cyflwynodd weddill y pwyllgor iddi. 'Steddwch chi i lawr ar y soffa 'na. Mae hi'n fwy cyffyrddus i chi.'

Doedd hi ond newydd eistedd pan neidiodd rhywbeth mawr du a gwyn arni.

'Tos, tyrd yma'r diawl!' gwaeddodd Huws. Ond roedd yn rhy hwyr. Roedd Tos wedi dechrau llyfu'i hwyneb ac yn amlwg yn cael blas ar y lipstic a'r powdwr.

Cododd Gwilym Huws yn wyllt gan waldio Tos efo'i gap. 'Cer o'na'r diawl uffar!' gwaeddodd ac ar ôl sawl pelten efo'r cap, neidiodd y ci i lawr ac aeth i'r gornel i siambar-sori. Ond nid cyn iddo adael ôl ei ddwy bawen fudr ar jîns glân Gwendolyn. O fewn dim, roedd y gweddill wedi gadael y bwrdd ac i gyd yn rhwbio coesau Gwendolyn hefo'u dwylo maint rhofiau i geisio gael y baw i ffwrdd.

Agorodd y drws. 'Brenin mawr! Be 'dach chi'n neud i'r

hogan?' Mrs Huws oedd yno hefo llond trê o fara brith a thebotiaid o de.

'Tos ddiawl 'ma wedi gneud llanast ar drwsus yr hogan,' meddai Gwilym â'i wyneb yn gochach na'r arfer.

Eisteddodd pawb yn ôl o gwmpas y bwrdd.

'Cyn i chi ddechra, Miss Prydderch, newch chi'm tywallt panad bob un i ni o'r tebot 'ma?' gofynnodd Huws gan estyn ei fys tuag at y tebot oedd fodfedd neu ddwy oddi wrtho.

Doedd ganddi ddim dewis. Cododd Gwendolyn i dywallt y te a thra oedd pawb yn sglaffio'r bara brith ac yn yfed o'u soseri, aeth ati i ddweud sut y gallai hi a Seiont Pi-Âr ddenu miloedd o bobol i Dreialon Cŵn Defaid Talsarn.

Yn amlwg, roedd y pedwar wedi'u plesio. 'Faint gostith hyn, musus bach?' gofynnodd un ohonynt.

'Wel, rydw i wedi costio'r ymgyrch yn fanwl. A chan gymryd popeth i ystyriaeth, a threth ar werth a . . . ym, dwy fil a hanner o bunnau.'

Gwelwodd y pedwar wyneb coch.

'Rarglwydd, gei di heffar go lew am bres fel'na,' meddai un wedi ychydig funudau.

'Mae'n ddrwg gen i,' meddai Gwendolyn gan ddechrau codi o'r soffa, 'os am job iawn, mae angen talu'n iawn . . . '

'Oes, oes . . . ond . . . '

'Mi rown ni ddwy i chi,' meddai Gwilym Huws. 'Arian parod, felly gewch chi anghofio am y fi-ê-ti . . . '

'Iawn ta,' atebodd Gwendolyn. Roedd ar fin estyn ei llaw allan i selio'r fargen, ond cofiodd ar yr olwg oedd ar ddwylo'r pedwar a phenderfynodd mai gwell fyddai peidio.

'Reit ta, diolch yn fawr i chi, musus bach. Mi gewch chi ddechra ar eich gwaith yn syth. Gyda llaw, mae'r treialon ymhen dau fis.'

Ar hynny, daeth y ffermwr ifanc i mewn.

'Ydach chi wedi gorffen Dad?' gofynnodd gan wthio'i grys-T John ac Alun i'w drwsus.

'Do, 'ngwas i,' meddai Huws. 'Mae'n rhaid i ni fynd rŵan. Cyfarfod arall. Be am i chdi ddangos y cwpana 'dan ni wedi'u hennill efo'r hen gŵn 'ma i Miss Prydderch?'

'Iawn, Dad. Cerwch chi,' ac ar hynny rhoddodd pawb ei gap ar ei ben a cherdded allan o'r parlwr.

'Geraint ydw i,' meddai. 'Gwendolyn 'dach chi'n de?'

'Ia,' meddai Gwendolyn gan edrych i mewn i'w lygaid gleision a sibrwd, 'Ia, Gwendolyn.'

Rhoddodd ei fraich am ei chanol a'i thywys tuag at gwpwrdd gwydr oedd yn llawn cwpanau a roséts.

Doedd Gwendolyn yn gwrando dim ar Geraint wrth iddo restru campweithiau cŵn Rerw. Ysai am gael ei gyrru i gorlan ganddo. Pan gyrhaeddodd ddiwedd y silff isaf, sylwodd Geraint mai arno fo yr oedd Gwendolyn yn edrych ac yn nid ar drysorau'r teulu.

Trodd i'w hwynebu. Roedd gwefusau'r ddau o fewn ychydig fodfeddi i'w gilydd. Rhoddodd ei freichiau cryfion amdani. Gwasgodd hi. A gwthiodd ei wefusau i'w rhai hi. Aeth y nerth i gyd o goesau Gwendolyn ond roedd breichiau cryfion Geraint yn ei dal. Doedd ei thraed ddim yn cyffwrdd y llawr – neu felly y teimlai wrth i Geraint wthio'i dafod i'w chlust.

Collodd arni'i hun. Gwasgodd ei wyneb â'i dwylo a'i gusanu'n wyllt. Teimlai gorff Geraint yn gwthio i'w un hi.

Teimlai hefyd rywbeth yn gwthio iddi o'r cefn a rhywbeth gwlyb yn rhedeg i lawr ei choes.

Trodd i edrych. Yno roedd Tos a'i ddwy goes flaen yn gafael yn dynn amdani ac yn gwthio iddi'r gorau gallai. Edrychodd Geraint dros ysgwydd Gwendolyn ac yno gwelodd Tos efo'i bidlan binc a'i dafod allan yn ceisio'i mowntio o'r cefn.

Gafaelodd yn sgrepan y ci a'i lusgo allan drwy ddrws y parlwr, drwy'r gegin ac allan i'r buarth. Rhoddodd gic yn ei din a chlywodd Gwendolyn sŵn ci mewn poen yn mynd yn bellach a phellach fel y rhedai Tos ar draws y buarth ac am y das wair o'r golwg.

Pan ddychwelodd Geraint i'r parlwr, roedd Gwendolyn yn ceisio sychu cefn ei jîns efo'i hances.

Bu Gwendolyn yn brysur yn rhoi ei syniadau ar gyfer cynyddu cynulleidfa'r treialon cŵn defaid ar bapur. Roedd am droi'r digwyddiad yn garnifal. Roedd am gael bob math o atyniadau yno. Diwrnod i'r teulu. Ac mi fyddai bar yno.

Tybed a ddylai bostio'r argymhellion yntai mynd â nhw yno'n bersonol? Ffoniodd Rerw. Geraint atebodd y ffôn.

'Be am gyfarfod am ddrinc bach heno, ac mi a'i â nhw i Dad wedyn?'

'Syniad ardderchog,' meddai Gwendolyn, ac roedd y ddau i gyfarfod am naw yn y *Bedol*.

Gwendolyn oedd yno gyntaf, ond o fewn dim clywodd sŵn brecio ffyrnig y tu allan. Roedd Geraint wedi cyrraedd yn ei fan.

Yn amlwg, roedd y berthynas oedd yn bodoli rhyngddynt rai dyddiau'n ôl yn Rerw'n parhau. Rhoddodd Geraint ei fraich amdani a'i chusanu wrth iddi hithau sefyll ger y bar. Aeth y ddau â'u diod at fwrdd yn y gornel. Gafaelai Geraint yn ei wydr peint a ymdebygai i wniadur yn ei law chwith enfawr tra oedd yr un dde ar ben-glin Gwendolyn yn raddol wthio'i sgert i fyny.

Roedd arogl dyn ar hwn, meddyliai Gwendolyn wrth ei hun. Arogl sebon iach, dim rhyw after-shêf rhad fel sydd ar y rhan fwyaf o ddynion.

Erbyn hyn, roedd Geraint yn cnoi ei chlustiau ac roedd y dafarn yn dechrau llenwi. Edrychai pob un a ddeuai i mewn i'w cyfeiriad. Ac o fewn dipyn, roeddent wedi rhoi'r gorau i wylio'r *Byd ar Bedwar* ar y teledu ar y wal ac yn gwylio Gwendolyn a Geraint.

'Geraint! Mmmm . . . dim yn fan'ma. Mmmmm . . . plîs . . . '

Symudodd Geraint i lawr i'w gwddw.

'Mmmm . . . na, dim dyna o'n i'n feddwl . . . Mmmm . . . ddim yn y dafarn . . . '

Rhoddodd Geraint glec i'w beint. Cydiodd yn ei llaw a'i thywys am allan. 'Tyrd! Mae gen i fatras yn gefn fan.'

Agorodd ddrws cefn y cerbyd gan ddisgwyl i Gwendolyn neidio i mewn fel tasa hi'n un o'i gŵn defaid.

'Dim yn fan'ma Geraint. Mae hi'n rhy ola,' meddai Gwendolyn gan edrych o'i chwmpas.

'Ydy bosib,' meddai gan neidio y tu ôl i'r llyw. Eisteddodd Gwendolyn wrth ei ochr. Roedd y fan dipyn glanach na Land Rover ei dad.

Gwibiodd y cerbyd ar hyd lonydd culion nes dod i stop ger adwy i gae. Rhoddodd Geraint ei fraich amdani a'i thynnu tuag ato. Collodd Gwendolyn pob rheolaeth arni'i hun a dechreuodd udo fel ci ganol nos.

'I'r cefn! I'r cefn!' gorchmynnodd Geraint.

'Ww, ia . . . plîs!' ochneidiodd Gwendolyn.

Ond i gefn y fan yr oedd Geraint am fynd – ar y fatras. Llusgodd Gwendolyn i'r cefn a thynnu'i dillad oddi amdani.

Roedd Gwendolyn yng ngafael gwewyr serch – gwewyr a wnâi iddi anwybyddu'r arogleuon amaethyddol oedd o'i chwmpas. Erbyn hyn, roedd Geraint yn gorwedd arni. Ar fochau ei din, fel yr âi'r rheiny i fyny ac i lawr, tarai golau'r lleuad.

Ond na, nid golau'r lleuad . . . ond golau o dortsh Twm Potshar. Yno hefo fo roedd ei fab Elton.

Agorodd Twm ddrws y fan. 'Dyw, Geraint Rerw. Sud wyt ti? Noson braf. Ti'm 'di gweld un o nghŵn i? Mae'r diawl ar goll ers oria. 'Di mynd lawr rhyw dwll ac wedi diflannu . . . '

'Yyyy . . . ' naddo Twm. Dim yn fan'ma beth bynnag,' atebodd Geraint yn fyr o wynt.

Roedd Elton yn syllu'n geg agored ar Gwendolyn gan ddal ei dortsh tuag ati fel tasa hi'n wnigen wedi'i chornelu.

'Wel dyna fo ta,' meddai Twm. 'Sori'ch dustyrbio chi. Hwyl i chi'ch dau.' Caeodd y drws a cherdded i ffwrdd gan chwibannu ar ei gi coll.

'Blydi hel!' sgyrnygodd Gwendolyn. 'Blydi hel!'

Rhoddodd Geraint ei fraich ar ei hysgwydd.

Ond gwthiodd Gwendolyn o i ffwrdd. ''Sgin i ddim mynadd rŵan. Cer â fi'n ôl at y car,' meddai gan ymbalfalu mewn pentwr o wellt yn chwilio am ei nicyrs.

Nid oedd Gwendolyn wedi clywed unrhywbeth gan bwyllgor y Treialon Cŵn Defaid ers wythnosau ac roedd y diwrnod mawr yn agosáu. Doedd hi chwaith ddim wedi clywed oddi wrth Geraint. Doedd hi ddim yn siŵr os oedd hi eisiau'i weld eto. Roedd hanes y ddau yn y fan ar hyd a lled y gymdogaeth amaethyddol erbyn hyn mae'n siŵr, meddai wrth ei hun.

'Rhys, 'nei di ffonio Mr Huws Rerw i edrych os ydi bob dim yn iawn efo'r Treialon?' gofynnodd gan esgus teipio'n wyllt ar y cyfrifiadur.

Geraint atebodd y ffôn. 'Ydy mae bob dim yn iawn yn ôl Dad. Ydy Gwendolyn yna?'

Pasiodd Rhys y ffôn i Gwendolyn. 'Mae o isio gair efo chdi.'

'Ffansi peint heno?' gofynnodd.

''Dwn i'm wir . . . ' atebodd Gwendolyn heb fod yn siŵr os oedd hi am fod yn flin ag o ai peidio.

'O, sori am noson o'r blaen ond . . . Tyrd draw i'r *Bedol* heno. Mi fydd rhai o'r hogia cŵn defaid yno. Gei di gyfarfod nhw i chdi gael dallt rwbath am gŵn defaid. A tyrd â dy fêt efo chdi hefyd.'

'O cê, ta,' atebodd Gwendolyn. 'Fyddwn ni yna am hanner awr wedi wyth.'

Pan gerddodd Gwendolyn a Rhys a Sian i mewn i'r *Bedol*, roedd criw o ffermwyr ifanc yno'n barod. Roedd Rhys yn adnabod un neu ddau gan ei fod wedi'u gweld yn chwil o gwmpas Caernarfon ar nos Sadwrn.

'Tyrd i fan'ma, 'mechan i,' meddai un bochgoch wrth Sian

gan symud i wneud lle iddi. Mentrodd Sian i'w canol ond cafodd Rhys ei adael wrth y bar.

Roedd Sian wedi eistedd rhwng dau oedd yn ei hastudio fel tasai nhw'n astudio heffer mewn sioe.

'O lle ti'n dwad, del?' gofynnodd un.

'Ŷf fi'n dod o Shir Gâr,' atebodd hithau.

'Duw o Sir Gaer ia. Ffermydd da'n fan'no, rhai mawr hefyd.'

'Merch ffarm wyt ti?' gofynnodd y llall.

'Na, sifil serfant odd Dadi,' atebodd.

'O ia. Be ti'n da yn fan'ma ta?'

'Fi yw rheolwr y ganolfan gelfyddyde yng Nghaernarfon.'

'O'r lle 'na i lawr yn Cei hefo llunia merchaid noeth ia?' gofynnodd.

'Mae yna ambell nŵd, oes, ond darnau o gelfyddyd ydyn nhw wrth gwrs.'

'Ydy dy lun di'n noeth yna?' gofynnodd y llall.

'Nagyw!'

'Biti. Mae gen i baent a brwshis acw ac mi fyswn i'n ddigon parod i dynnu dy lun di – os bysach chdi'n tynnu dy ddillad yn de.'

'Mae yna bethau eraill ar ein muriau ar wahân i'r . . . i'r nŵds. Mae yna ddarnau haniaethol gan artistiaid o fri,' atebodd Sian, yn amlwg yn dechrau cynhyrfu.

'Be'r patryma 'na ar y wal?'

'Ymm . . . ie, os dyna ŷch chi am 'u galw nhw,' yn fyr iawn ei hamynedd erbyn hyn.

'Dwi 'di gweld gwell patrwm ar y nghachu i na rhai o'r petha 'na 'sgen ti ar dy walia . . . '

Sylweddolodd Gwendolyn fod Sian ar fin beichio crïo a phenderfynodd y buasai'n well iddi ddechrau sôn am gŵn defaid.

'Ydach chi'n mynd i gystadlu yn y Treialon Cŵn Defaid hogia?' gofynnodd.

'Ew, ydan,' meddai pob un fel côr adrodd yn Eisteddfod y Ffermwyr Ifanc. Ac aeth pob un ati i sôn am ragoriaethau'u cŵn.

Eglurodd Gwendolyn sut oedd treialon eleni'n mynd i fod yn wahanol i rai'r gorffennol.

'Dyw ia, da iawn. Ond pam gei di ddim rwbath gwahanol i Wan Man and his Dog?' oedd ymateb un.

'Fel be?' gofynnodd Gwendolyn.

'Ma 'na ryw foi yn Sir Fôn yn iwsio chwiad yn lle defaid,' awgrymodd.

Roedd Rhys wedi bod yn gwrando'n astud ar y sgwrs. 'Pam na chewch chi geiliog yn lle ci?' awgrymodd. 'A'i alw fo wedyn yn . . . Wan Man and his Coc!'

'Rhys!' gwaeddodd Sian gan syllu arno fel twrci ar fuarth. Ond roedd gweddill y criw'n gorwedd ar y meinciau'n rhowlio chwerthin. Roedd yna hyd yn oed wên ar wyneb Gwendolyn.

Cododd Sian ar ei thraed. 'Fi'n mynd i'r tŷ bach!'

'Ia da iawn, Rhys. Da iawn wir. Peint arall i'r hogia,' meddai Geraint oedd eisoes ar ei draed.

O fewn dim roedd hi'n hanner nos. Roedd Sian wedi bod yn ceisio tynnu sylw Rhys at y cloc ers bron i awr, ond i ddim pwrpas. Roedd pawb yn cael hwyl.

'Gymaint â rydan ni wedi mwynhau'ch cwmni chi hogia, mae'n rhaid i ni fynd yn ôl am y dre,' meddai Gwendolyn gan hanner codi.

Yna, sylweddolodd ei bod wedi cael tua phedwar peint o lagyr tra oedd Sian ond wedi bod yn yfed dŵr.

'Fysat ti'n meindio gyrru nghar i'n ôl, Sian?' gofynnodd.

Ond cyn i Sian allu ateb, agorodd y drws. Puw'r Plisman Blin oedd yno.

'Reit, ocê. Mae hi'n hannar nos. Mae'r lle 'ma i fod wedi cau ers bron i awr.'

Gwelwodd Sian a Gwendolyn.

'Ond ŷf fi ond yn ifed dŵr,' ceisiodd Sian egluro â chryndod yn ei llais.

Roedd yr hogia, gan gynnwys Rhys, wedi rhoi clec i'w peintiau mewn prin eiliadau.

Ceisiodd Rhys wenu ar y plisman, ond yr un pryd roedd y peint o gwrw'n pwyso ar ei stumog. Cododd i fynd i'r tŷ bach.

'Lle ti'n feddwl wyt ti'n mynd boi?' gofynnodd Puw gan gredu bod Rhys am ei gl'uo hi.

'Isio piso, Mr Puw,' meddai Rhys gan afael yn dynn yn ei gwd.

'Arhosa lle wyt ti,' meddai hwnnw gan estyn i boced ei frest. Disgwyliai pawb y gwaethaf. Roedd yn nôl ei nôt-bwc i gymryd enwau pawb i lawr.

Ond yn lle'r nôt-bwc daeth pentwr o docynnau raffl i'r golwg.

'Pwy sydd am brynu raffl i'r Polîs Benefolynt Ffynd hogia?' gofynnodd.

Prynodd bawb ddeg tocyn yr un . . . a rhedodd Rhys am y tŷ bach.

Yn y man daeth y diwrnod mawr.

Roedd Gwendolyn wedi'i gwisgo'n addas ar gyfer yr achlysur yn ei dillad twîd ac roedd Rhys yn ceisio'i orau i edrych fel ffermwr yn ei jîns a'i grys-T. Ceisiai hefyd gerdded fel John Wayne. Ond roedd Sian yn debycach i rywun mewn treialon cŵn defaid ar wastadeddau Mongolia.

Roedd yn ddiwrnod llwyddiannus. Roedd iddo naws carnifal a llond y lle o deuluoedd na arferai fynychu digwyddiad o'r fath. Hwn oedd yr unig stribed o wellt glas ymysg tomenni llechi'r dyffryn ac o gwmpas y canol lle cynhelid y gornestau, roedd stondinau amryliw amrywiol i ddenu'r torfeydd.

Roedd pawb yn canmol Gwendolyn am ei gwaith da.

Ganllath i ffwrdd, ger y babell taflu coconyts, roedd Geraint yn ei grys-T Bryn Terfel a Tos y ci y tu ôl iddo'n sownd wrth gortyn bêls. Cerddodd Gwendolyn tuag ato.

'Aros lle'r wyt ti!' gwaeddodd Geraint arni fel y nesái ato.

Roedd Gwendolyn mewn cryn benbleth. Beth oedd hi wedi'i wneud iddo?

'Geraint, beth sydd?' gofynnodd yn bryderus.

'Paid â dod yn rhy agos at Tos. Dwi'm isio fo egseitio unwaith eto a hynny cyn y gystadleuaeth. Ti'n gwybod be maen nhw'n ddeud am athlits cyn ras.'

Ond doedd yna fawr o drefn ar Tos na Geraint yn y gystadleuaeth. Na'r defaid. Aent i bob cyfeiriad heblaw'r gorlan. Doedd Rhys ddim yn siŵr ai gweiddi Geraint yntau wyneb Bryn Terfel ar y crys-T oedd yn eu dychryn.

O'r diwedd, daeth yn gyfle i Gwilym Huws, Rerw Fawr a'i gi ddangos eu doniau. Ac roedd dipyn gwell trefn arno na'i fab.

Gorweddai'r ci ar ei fol ar lawr nes clywai chwibaniad ei feistr. Yna, gwibiai i'r dde neu i'r chwith. Arhosai. Yna symud yn llechwraidd gan wthio'r defaid lathen wrth lathen yn nes at y gorlan.

Roedd y defaid i gyd yn ddi-gynnwrf. Yn aros i bori'r blew glas bob hyn a hyn cyn i'r ci nesáu atynt. Yna, cerdded yn hamddenol lathen neu ddwy arall cyn aros unwaith eto.

Crychai Gwilym Huws ei dalcen, cymaint oedd yn canolbwyntio ar y gamp. Gwyddai yn ei galon fod cwpan Treialon Cŵn Defaid Talsarn o fewn ei gyrraedd.

Erbyn hyn, roedd gwên lydan ar ei wyneb ac yntau â'i law ar y glwyd yn barod i'w chau ar ôl y defaid oedd yn y gorlan.

Yn sydyn . . . daeth sŵn na chlywodd erioed o'r blaen mewn treialon cŵn defaid.

Blydi band Talsarn! Yn martshio ar y cae tuag ato.

Gwasgarodd y defaid i bob cyfeiriad a'r ci'n gorwedd y tu ôl i Huws yn crynu fel deilen.

'Gwendolyn Pritchard . . . neu beth bynnag 'di'ch enw chi. Dowch yma . . . '

6. Trip i'r Sowth

Roedd sŵn rhywun yn cerdded i fyny'r grisiau. Eiliadau'n ddiweddarach, daeth pen Selwyn Morgan rownd y drws.

'Ydy Gwendolyn yma?' gofynnodd.

'Mi fydd hi mewn ryw ddau funud. Oedd hi'n deud ella bysa hi'n hwyr.'

Yn wir, ychydig iawn oedd Gwendolyn wedi bod yn y swyddfa ers trychineb y cŵn defaid. Roedd ganddi ofn i Huws a'r pwyllgor ddod i chwilio amdani.

'Ydach chi'n brysur yma?' gofynnodd Selwyn, gan geisio torri'r amser nes deuai Gwendolyn i mewn.

'Na, ddim felly.'

Ar hynny daeth sŵn pâr o stiletos yn cerdded i fyny'r grisiau. 'Mae hi'n dwad rŵan.'

'A! Selwyn,' meddai wrth dynnu'i chôt. 'Sut mae hi ers peth amser?'

'Iawn, diolch. A chditha? Prysur yma?'

'Ydan wir, dros ein pen a'n clustiau.'

'O, wna i ddim aros felly,' meddai Selwyn gan gymryd arno adael. 'Dod yma i ofyn i chi neud joban i mi o'n i ond . . . '

'Na, na,' meddai Gwendolyn, oedd erbyn hyn wedi cydio'n ei fraich a'i dynnu'n ôl. 'Dydan ni byth yn rhy brysur i wrthod gwaith. Yn enwedig i Gwmni Caernarfon. Be'n union oedd gen ti dan sylw?'

'Cyfarfod sydd yna o holl gwmnïau datblygu Cymru sy'n cael ei gynnal i lawr yn y de,' meddai Selwyn gan edrych yn bwysig. 'Ac wrth gwrs, maen nhw wedi gofyn i Gwmni Caernarfon gymryd rhan.'

'O,' meddai Gwendolyn yn cymryd diddordeb mawr. 'Ac felly mae angen arddangosfa fechan a thaflenni ac ati . . . '

'Wel, ia,' torrodd Selwyn ar ei thraws. 'Ond rydan ni hefyd eisiau rhywun yno i ddelio â chysylltiadau cyhoeddus yn y cyfarfod sy'n para dau ddiwrnod. Mi fydda i'n brysur iawn, wrth gwrs, yn siarad â hwn a'r llall, ac rydan ni angen rhywun i ddelio ag ymholiadau'r wasg ac ati.'

'O ia, wrth gwrs,' meddai Gwendolyn yn llawn brwdfrydedd.

'Ac felly,' meddai Selwyn gan sythu'i frest, 'dw i am i chdi ddod i lawr efo fi i edrych ar ôl petha felly. Ti a fi.'

'Gwych!' meddai Gwendolyn gan daro'i dwy law yn ei gilydd. 'Gwych. Ond . . . dim ond ti a fi?' gofynnodd, erbyn hyn braidd yn bryderus.

'Dyna fo, ia,' meddai Selwyn gan roi winc arni.

'O dydw i ddim yn siŵr,' meddai. 'Fel dudis i. Mae hi'n reit brysur yma . . . '

'Dwy fil o bunna . . . ' meddai Selwyn â gwên ar ei wyneb.

'Ym . . . ,' llyncodd Gwendolyn ei phoer. 'Dwy fil. Ddaw Rhys efo chdi. Mae o'n brofiadol iawn a . . . '

'Na, na,' meddai Selwyn yn amlwg wedi'i siomi. 'Mi rwyt ti'n llawer mwy profiadol. Ac os ga'i ddeud . . . yn llawer mwy glamyrys. Mi wnaet fyd o les i ddelwedd Caernarfon.'

Roedd Gwendolyn yn amlwg wedi'i phlesio gan y geiriau canmolgar, ond dau ddiwrnod efo Selwyn Morgan?

'Mi ddo' i os caiff Rhys ddod. Mae'n ormod o waith i un,' meddai.

Doedd Selwyn Morgan yn amlwg ddim yn hapus, ond hwn oedd y cynnig gorau roedd o'n debyg o'i gael. Efallai y câi o well lwc i lawr yn y de a hithau oddi cartref.

'Reit, 'dan ni'n mynd dechrau wythnos nesa.'

Wedi i Selwyn adael, cofiodd Rhys ei fod wedi addo mynd i Fangor efo Sian i weld drama rhyw foi o Iwgoslafia'n ystod yr wythnos honno. Doedd ganddo fawr o awydd mynd ond doedd o ddim eisiau'i ddigio. Roedd hyn yn esgus i beidio mynd, ond mi fyddai raid iddo'i ffonio i egluro.

'O Rhys, ŷf fi'n falch dy fod wedi ffono. Fi 'di gorfod canslo mynd i weld drama Fimyndoff. Mae 'da fi arddangosfa'n cyrraedd yma – munud olaf. Canolfan yn Llunden wedi'i gwrthod. Felly mae yna gyfle i ni yma yng Nghaernarfon ddangos 'i waith e. Tybed fyset ti'n gallu fy helpu heno i roi'r lluniau i fyny yn y ganolfan?'

'Dyw, iawn siŵr,' meddai Rhys, yn falch mai hi oedd y cyntaf i ganslo'r ddrama.

'Mae llunie'r artist braidd yn fawr, Rhys. Tybed fyset ti'n gallu cael help rhywun?'

'Ia iawn, Sian. Dim problem. Ddo' i draw tua saith heno, ia?'

'Dyna fe Rhys, gwych!' a rhoddodd sws iddo lawr y ffôn.

Ar ôl gorffen yn y swyddfa aeth Rhys i'r *Darian Fach* i chwilio am Huw Cris. Doedd dim angen chwilio, roedd o yno wrth y bar.

Cyn i Huw allu archebu peint iddo, roedd Rhys wedi gofyn i Sam y barman am ddau. Wedi i Rhys egluro beth oedd ganddo dan sylw, roedd Huw Cris yn fwy na hapus i'w helpu yn y ganolfan gelfyddydau.

'Fydd 'na lunia petha noeth yna 'da?' gofynnodd Huw gan wagio'i wydr peint.

'Dwn i'm Huw, ond esu paid â sbïo gormod arnyn nhw. Dydi Sian ddim yn licio hynny. Dydi hi ddim yn gweld petha noeth fatha chdi a fi. Petha arti 'dyn nhw i Sian.'

Cymaint oedd awydd Huw i weld y lluniau fel yr oedd y ddau yn y ganolfan gelfyddydau cyn saith. Yn pwyso ar un o furiau'r ganolfan roedd pentwr o luniau dan ganfasau.

'Dyna nhw. Paentiadau Gorgocsci,' meddai Sian a thynnodd y cwrlid oddi ar y llun cyntaf.

Agorodd llygaid Huw led y pen. 'Esu 'li tits ar honna!'

'Huw!' gwaeddodd Sian. 'So fi isie dim o hynna. Os nad ŷch chi'n gallu gwerthfawrogi'r llunie 'ma, so i isie'ch help chi.'

'Esu ia, hold on rŵan, Huw,' meddai Rhys er mwyn ceisio dangos i Sian nad oedd o run fath â Huw.

'Ar y wal yn fan yna plîs, bois,' meddai Sian gan gyfeirio at un o'r muriau. Camodd Rhys i ben cadair tra oedd Huw'n dal y llun â'i drwyn ym mrestiau'r gwrthrych.

'Dyna ni, ychydig i'r with, modfedd i'r dde . . . i fyny rhyw gymaint' ac roedd y llun cyntaf yn ei le.

Rhywbeth yn debyg oedd gweddill y lluniau a Huw erbyn hyn wedi dechrau arfer gweld bronnau'r merched.

'Mae yna un ar ôl,' meddai Sian. 'Mae hwn yn lun arbennig. Ei lun olaf e cyn . . . ym . . . '

'Cyn be?' gofynnodd Huw.

'Ym . . . cyn iddo fe fynd . . . i'r carchar,' ond wnâi Sian ddim dweud pam roedd Gorgocsci dan glo.

Daeth hyn yn amlwg wedi iddi ddatgelu'r llun olaf.

'Esu goc, mae 'na ful ar gefn y ddynas 'na . . . !'

Car Selwyn aeth â'r tri am y de. Rhys yn y cefn a'r perchennog yn y blaen efo Gwendolyn. Diolchai Selwyn mai nid car otomatig brynodd o. Câi gyfle bob hyn a hyn i gyffwrdd coesau Gwendolyn wrth newid y gêrs.

'Da 'di'r Ffordyn yn de,' meddai wrth daflu'r Mondeo rownd cornel.

'Mi fydda i'n hoffi Audi'n hun,' meddai Gwendolyn gan geisio cadw'i phengliniau mor bell â phosib oddi wrth law chwith Selwyn.

'Ma'r MR2 yn dipyn gwell ar gornel,' ychwanegodd Rhys o'r cefn.

'Ella wir,' atebodd Selwyn yn swta. 'Ond does na'm lle i daro rhech ynddo,' meddai, am eiliad wedi anghofio bod Gwendolyn wrth ei ochr. 'Ffordd o siarad wrth gwrs . . . '

'Gobeithio wir,' meddai Gwendolyn. 'Gobeithio na fydd yna

ddim o hynna ar y daith yma.'

O fewn dim roedd y tri wedi cyrraedd yn ddiogel y tu allan i westy'r *Dinefwr*. Roedd nifer o'r cynadleddwyr wedi cyrraedd eisoes.

'Esu mae'r rhan fwya'n siarad fath â Sian,' meddai Rhys o glywed cymaint o acenion deheuol yno.

'Fuest ti 'rioed yn y de o'r blaen?' gofynnodd Selwyn yn swta, gan gofio nad oedd o ddim eisiau Rhys yno beth bynnag.

'Do, wrth gwrs,' atebodd. 'Dwi 'di bod yng Nghaerdydd lot o weithia. Ond mae hi 'run fath â C'narfon yn fanno. Pawb yn gogs.'

Aeth Selwyn at y ddesg. 'Morgan. Cwmni Caernarfon. Tair ystafell os gwelwch yn dda,' meddai gan wenu ar Gwendolyn.

Edrychodd Gwendolyn i gyfeiriad arall.

'Mae un ar ben y coridor ar ben 'i hunan a mae'r ddwy stafell arall yn adjoining. Mae drws yn mynd o un i'r llall,' meddai'r ferch y tu ôl i'r ddesg.

'Dyna ni, campus!' meddai Selwyn. 'Huws ar ben ei hun a Morgan a Prydderch yn yr adjoining,' a chydiodd yn ei gesus a'i chychwyn i fyny'r grisiau.

Chafodd Gwendolyn ddim cyfle i wrthwynebu, ond pan gyrhaeddodd ei hystafell, gwnaeth yn siŵr fod y drws rhwng y ddwy ystafell wedi cloi. Ac i wneud yn siŵr na ddôi Selwyn i darfu arni, mi wthiodd y wardrob yn ei erbyn.

Am saith o'r gloch y noson honno, roedd yna ginio a chyfres o areithiau ar ddatblygu economaidd. Roedd Selwyn wedi curo ar ddrws Gwendolyn am chwarter i ond gwnaeth hi esgus nad oedd yn barod ac y buasai'n ei weld yn y bar.

Pan gyrhaeddodd Selwyn y *Teifi Bar*, roedd Rhys yno eisoes ac wedi dechrau sgwrs efo un neu ddau arall oedd yno. Esu, lwcus mod i wedi arfar efo Sian, meddai Rhys wrth ei hun, ne fyswn i'n dallt dim mae'r hwntws 'ma'n ddeud. Unwaith yr ymunodd Selwyn â nhw, roedd wedi meddiannu'r sgwrs gan ganmol be'r oedd o wedi'i wneud i roi tref Caernarfon yn ôl ar ei thraed.

Cyrhaeddodd Gwendolyn fel yr oedd pawb yn cael eu gorchymyn i symud i'r stafell fwyta. Am unwaith, roedd Gwendolyn yn cadw'n agos at Rhys, ac ar un adeg wnaeth hi hyd yn oed afael yn ei fraich. Ceisiai Selwyn wthio rhyngddynt ond yn ofer. Cafodd y ddau sedd yn y canol yn wynebu'r Cadeirydd tra oedd Selwyn ar ben y bwrdd.

Wedi dau gwrs arbennig o dda'n cael ei olchi i lawr efo glaseidiau o win ardderchog, cafwyd cyfres o anerchiadau diflas. Codai pawb fesul un i siarad gan ganmol ei waith i'r cymylau – neb yn fwy na Selwyn. Rhwng y gwin, y bwyd a'r diflastod, teimlai Rhys fel rhoi ei ben ar y bwrdd a mynd i gysgu. Ac yn wir, disgynnai'i lygaid yn araf bach tuag at y lliain gwyn.

Ond o gornel ei lygaid, gwelodd Rhys ferch ifanc wallt coch yn syllu arno. Ymsythodd. Rhoddodd y goch ei llaw ar draws ei cheg i arwyddo nad oedd ganddi hithau fawr o ddiddordeb yn yr anerchiadau. Gwenodd Rhys arni. Winciodd hithau'n ôl.

O'r diwedd, daeth yr anerchiadau i ben. Cythrodd pawb i'r pwdin a gweddill y gwin cyn ymlusgo'n araf tuag at y bar. Yn sefyll yn y drws yn disgwyl amdano, roedd y goch â jin an' tonic ymhob llaw.

'Helo, Gwenhwyfar ŷf fi,' meddai gan estyn y jin i Rhys. 'Dyna ti, cymer hwn. Mi wnaiff hyn ti'n well ar ôl yr anerchiade sych 'na.'

Cymerodd Rhys gegiad. 'O . . . Rhys 'dw i. Esu mi o'dd o'n boring yn doedd.'

Cydiodd Gwenhwyfar yn ei law a'i arwain i gornel. 'Dere, tyrd i ishte lawr i ti gael gweud dy hanes wrtha i.'

Eisteddodd Gwenhwyfar i lawr gan groesi'i choesau dan drwyn Rhys. Esu ma gin hon fwy o goesa na Gwendolyn, meddai wrth ei hun.

Tra oedd Rhys a Gwenhwyfar yn dweud eu hanesion wrth ei

gilydd a'r ddau'n closio fel yr âi'r noson yn ei blaen, roedd Gwendolyn mewn trafodaeth ddwys ar ragoriaethau bychaneidd-dra fel model ar gyfer datblygu yn hytrach na'r dull rhaeadru o'r canol. Doedd ganddi ddim diddordeb yn yr hyn oedd gan Tywi Philips i'w ddweud, ond mi roedd ganddo bâr o lygaid gleision hyfryd.

Ond roedd llygaid Selwyn hefyd ar Gwendolyn – er ei fod y pen arall i'r ystafell. Nodiai Gwendolyn ei phen ar bob dim roedd Tywi'n ei ddweud. O'r diwedd sylwodd fod gwydr Gwendolyn yn wag ac aeth i'r bar i archebu mwy o ddiod.

Bachodd Selwyn ar ei gyfle a chamodd ar draws yr ystafell. 'Gwendolyn, mi rwyt ti i fod fy helpu i. Rwyt ti'n cael dy dalu i fod efo mi bob amser er mwyn fy nghynorthwyo i feithrin cysylltiadau a sôn am waith y cwmni.'

'Ond . . . ,' meddai Gwendolyn gan edrych i gyfeiriad y bar.

'Does dim "ond". Ti'n cael dy dalu, felly tyrd 'laen.' Cerddodd Gwendolyn yn anfoddog y tu ôl i Selwyn ond yn lle mynd yn ôl at y rhai y bu'n siarad â nhw funudau'n gynharach aeth Selwyn drwy'r drysau Ffrengig ac allan i'r ardd ble roedd golygfa wych o Afon Teifi.

'Does 'na'm llawer o waith i'w wneud yn fan'ma,' meddai Gwendolyn yn syth y cyrhaeddodd yr ardd.

'Oes,' meddai Selwyn, gan afael ynddi a cheisio'i chusanu.

Cododd Gwendolyn ei phen-glin siapus a'i gwthio'n sydyn rhwng coesau Selwyn.

'Gotsan!' ebychodd Selwyn, gan fwytho'i geilliau tra camai Gwendolyn ôl i'r gwesty.

Disgwyliodd Gwendolyn amdano wrth ochr y drws. Pan ddaeth i'r golwg, cydiodd yn ei fraich a'i arwain at griw oedd yn trafod gwaith yn un o gorneli'r ystafell.

'Esgusodwch fi. Ga i gyflwyno Selwyn Morgan o Gwmni Caernarfon,' meddai a gwthiodd Selwyn i'w canol. Safodd wrth ei ochr drwy'r nos yn gwneud ei dyletswydd. Roedd hi'n llawer diogelach yma nac yn yr ardd efo'i golygfa wych o Afon Teifi.

Ond roedd Rhys a Gwenhwyfar wedi anghofio bob dim am waith.

'Be fyset ti'n hoffi, Rhys?' gofynnodd Gwenhwyfar. 'Mynd mas i gael golygfa wych o Afon Teifi . . . 'te dod lan i'n stafell i?'

'D . . . d . . . d . . . d . . . dod lan i gael golygfa wych o dy stafell di,' atebodd Rhys wedi cynhyrfu'n lân.

'Dere te,' meddai Gwenhwyfar gan afael yn ei law.

Rhedodd y ddau i fyny'r grisiau ond bu raid i Rhys aros ar y ris olaf i gael ei wynt ato.

'Wyt ti allan o wynt yn barod?' gofynnodd Gwenhwyfar. 'Fyddi di eisie aiyn lyng erbyn fydda i wedi cwpla da ti!'

Llusgodd Gwenhwyfar o drwy ddrws ei hystafell a'i daflu ar y gwely. Cydiodd yn ngodre'i drwsus a'u rhwygo oddi arno. O fewn eiliadau roedd Rhys yn noethlymun borcyn. Rhoddodd help i Gwenhwyfar i dynnu ei dillad hi ac yna gorweddodd y ddau ym mreichiau'i gilydd ar y gwely.

Tra oedd dannedd Rhys yn cnoi'i chlustiau, roedd ei ddwylo'n mwytho'i chorff.

'Mmmmm . . . ' meddai Gwenhwyfar dan ei gwynt. 'Rwyt ti'n dipyn o foi, Rhys.'

'Mae hogia Cnarfon i gyd yn dipyn o fois,' meddai Rhys rhwng cegiad o glust a gwallt coch.

'Mmmmm . . . mae 'da fi ffrind yn byw yng Nghaernarfon . . . ' sibrydodd Gwenhwyfar, gan ochneidio.

'Ia . . . ' meddai Rhys a'i ddannedd erbyn hyn wedi cyrraedd ei hysgwyddau. 'Pwy . . . ?'

'Sian . . . Sian Heledd . . . mae hi'n reolwr canolfan gelfyddyde . . . '

Yn sydyn, collodd Rhys a'i gwd bob diddordeb yng Ngwenhwyfar. Neidiodd am ei ddillad ac allan â fo drwy'r drws.

Roedd Selwyn yn y coridor yn gwthio ar ddrws ystafell Gwendolyn ac yn gweiddi drwy dafod dew, 'Gwendolyn!

Gwendolyn! Gad fi mewn. Mae gin i fusnas . . . '

Ond oedodd am ennyd pan welodd Rhys yn noeth a'i ddillad dan ei fraich yn gwibio ar draws y coridor.

'Rarglwydd, dwi 'di cal gormod i yfad,' meddai Selwyn gan ysgwyd ei ben. A throdd fel oen bach i gyfeiriad drws ei ystafell.

Amser brecwast – ac yn wir, trwy'r dydd – cadwodd Rhys yn ddigon pell oddi wrth Gwenhwyfar. Ond roedd Gwendolyn wrth benelin Selwyn yn ei gynorthwyo i sôn am ei gampweithiau'n nhre'r Cofis. Gwnâi Gwendolyn yn siŵr nad oedd ar ben ei hun efo Selwyn yn unlle a thywysai ef o un criw i'r llall.

Yn y cyfamser, roedd Rhys wedi dod o hyd i un arall oedd wedi hen ddiflasu ar y gweithgareddau. Treuliodd y pnawn yng nghwmni Barry John o Grymych.

Roedd Rhys yn y bar yn codi rownd pan ddaeth Gwenhwyfar i mewn. Doedd unlle i ddianc. Cerddodd ato. 'Wyt ti'n gê?' gofynnodd.

'Be? Fi'n bwfftar! Esu nadw!' atebodd Rhys gan edrych o'i gwmpas rhag ofn bod rhywun wedi clywed y fath gyhuddiad.

'Pam est ti o'n stafell i ar frys nithwr te?' gofynnodd Gwenhwyfar gan edrych fel cath goch wedi colli llygoden.

'O'n i'm yn teimlo'n dda.'

'O! Fyddi di'n teimlo'n well heno te?' gofynnodd gan edrych i fyw ei lygaid.

'Ym . . . y . . . dwi'm yn gwbod.'

'Wyt ti *yn* gê yn dwyt?'

'Esu nadw. Go iawn!'

'Reit, gei di brofi i fi heno te! Mae'n rhaid i fynd i edrych ar fy ôl fy mós nawr. Wela i di ar ôl cino heno. Ocê?'

'Y . . . yyym . . . ia,' meddai Rhys a diflannodd Gwenhwyfar drwy'r drws.

Roedd Barry John wedi gweld y ddau'n siarad a'r cwestiwn cyntaf oedd, 'Ŷt ti 'di bod yn pwno honna?'

'Y wel . . . '

'Esu mae pawb arall wedi. Gwen*hwfyr* maen nhw'n ei galw hi. Am bod hi'n ddiawl am sugno c . . . '

Torrodd Rhys ar ei draws.

'Yli, Barry, mae gen i broblem.'

'Be? Methu ca'l codad?' gofynnodd Barry John gan edrych yn gydymdeimladol arno.

'Na na. Es i hefo Gwenhwfyr . . . hwyfar neithiwr. A . . . a nes i ffeindio bod hi'n fêts efo fodan fi adra . . . '

'Fodan?' gofynnodd Barry John mewn cryn benbleth.

'Y . . . y . . . cariad.'

'O, wejen. Ond 'so dy wejen di yma nawr. Cer i roi hwpad i Gwenhwyfar heno.'

'Y na, sa'n well gen i beidio,' ac estynnodd Rhys am ei beint.

Roedd y ddau wedi cael dipyn go lew erbyn y daeth cyfarfodydd y pnawn i ben. Doedd fawr o le i fwyd yn stumogau Rhys a Barry John pan ddaeth yn amser pryd nos ac mi ganolbwyntiodd y ddau ar y gwin.

Erbyn iddyn nhw gyrraedd yn ôl i'r bar, roedd Gwenhwyfar wedi ymuno â nhw. Roedd hi'n amlwg wedi cyfarfod â Barry John o'r blaen ond Rhys oedd yn cael y sylw. Roedd yr hogiau'n ôl ar y peintiau a Gwenhwyfar efo nhw beint am beint.

'Esu, ti'n gallu yfad Gwenhwfyr,' meddai Rhys.

'Gwenhwyfar, Rhys, ac odw, fi'n gallu ifed.' Ac yn wir, Gwenhwyfar oedd yn gosod y pês. Câi'r ddau gryn drafferth i ddal i fyny â hi.

Yn y cyfamser, roedd Gwendolyn wedi cael digon ar Selwyn a chan mai hon oedd y noson olaf, teimlai ei bod wedi gwneud digon i Gwmni Caernarfon. Anelodd am Tywi Philips â'i lygaid gleision.

Roedd Tywi hefyd wedi dechrau ymlacio a'r gynhadledd ar fin dod i ben. Rhoddai dipyn mwy o sylw i Gwendolyn a llai i'w waith y tro yma. Pwysai'r ddau ar y bar yn chwerthin a gwenu ar ei gilydd.

Yn un o gorneli'r ystafell, roedd Selwyn Morgan yn gwagio potel o win ac yn ceisio cynnal sgwrs efo un oedd yr un mor benderfynol ac yntau mai ei gynlluniau fo oedd y rhai mwyaf uchelgeisiol.

Roedd Gwenhwyfar wedi closio at Rhys ac wedi rhoi ei llaw ar ei lin. Dechreuodd Rhys deimlo'n benysgafn. Un ai roedd y gwaed i gyd wedi mynd i'w gwd neu roedd ei fol yn orlawn o gwrw.

'Gwenhwyfr,' meddai, 'dwi'm yn teimlo'n dda.'

'Isie dipyn o awyr iach wyt ti. Dere awn ni mas,' a chydiodd Gwenhwyfar yn ei law a'i arwain allan i'r ardd oedd â golygfa wych o Afon Teifi.

Rhoddodd Rhys ei gefn i bwyso ar wal a gwthiodd Gwenhwyfar tuag ato.

'Wyt ti'n well nawr?' gofynnodd.

'Ydw, rhywfaint,' meddai Rhys ac ar hynny dechreuodd Gwenhwyfar fwytho'i falog. Doedd yna fawr yn digwydd dan y brethyn, felly penderfynodd roi ei llaw i lawr ei drwsus.

Ond wrth geisio cael ei llaw i lawr heibio'r belt pwysai'n o drwm ar fol oedd yn llawn cwrw a gwin. Yn sydyn, daeth ffrydlif o chwd am ei phen . . . ac un arall . . . ac un arall. A chan bod ei llaw'n dal i lawr drwsus Rhys allai hi ddim symud fodfedd oddi wrtho.

'Esu, sori Gwenhwyfr,' meddai Rhys gan sychu ei geg â chefn ei law. 'Sori am chwdu ar dy ben di.'

Ond roedd Gwenhwyfar yn dal i stryglo i geisio cael ei llaw'n rhydd ac yn rhoi mwy a mwy o bwysau ar fol Rhys. Daeth ton arall o chwd i'w chyfeiriad. O'r diwedd, torrodd y belt, cafodd Gwenhwyfar ei llaw'n rhydd a disgynnodd trowsus Rhys at ei draed.

Wrth i Gwenhwyfar redeg yn ôl i'r gwesty, daeth Barry John allan.

'Jiw, ti'n uffern o foi,' meddai gan edrych ar drwsus Rhys o gwmpas ei fferau. 'Yt ti wedi dychryn Gwenhwyfar. Chydig iawn o fois sy wedi gneud hynna.'

Ond cyn i Rhys allu egluro, roedd gan Barry John newyddion drwg iddo.

'Well i ti ddod i miwn. Mae trafferth bach 'da'r wejen 'na sy'n gwitho 'da ti.'

'Gwendolyn?' gofynnodd Rhys gan godi'i drwsus.

'Ie,' meddai Barry John. 'Ma' 'na ddau foi isie wmladd drosti.'

Brysiodd Rhys yn ôl i'r gwesty. Yn ffodus, roedd ei siwt yn lân gan fod y chwd i gyd wedi mynd ar ben Gwynhwyfar – ac roedd yn teimlo'n llawer gwell ar ôl cael gwared o'r cwrw. Ond wrth gerdded i mewn i'r bar, clywai sŵn gweiddi. Selwyn yn gweiddi ar Tywi, Tywi yn gweiddi ar Selwyn a Gwendolyn yn gweiddi ar y ddau i fod yn ddistaw.

Gwaeddai Selwyn, 'Efo fi ma hi'r co . . . ' ond cyn iddo orffen ei frawddeg, roedd Tywi wedi torri ar ei draws. 'So hi'n dy ffansïo di'r meddwyn.'

'Peidiwch! Peidiwch!' ymbiliai Gwendolyn. 'O Rhys, tyrd yma. Dwi'n falch bo'ch chdi hefo fi,' meddai gan gydio yn ei law. 'Nei di stopio'r ddau yma?'

Ond yn ffodus, cyn i Rhys orfod gwneud dim, roedd dyrnau'r ddau'n yr awyr. Gwnaeth Selwyn gamgymeriad mawr. Taflodd ei ddwrn i gyfeiriad Tywi. Plygodd hwnnw'i ben ac anelu dyrnod dan ên Selwyn. Disgynnodd Selwyn fel lleden ar lawr y bar.

Gorweddai ar y llawr yn ddiymadferth.

Ymgasglodd pawb o gwmpas y corff. 'Ydy e'n fyw?' 'Ydy e wedi marw?' 'Dyw e'n symud dim.' 'Oes yna rywun yn deall ffyrst-êd yma?'

Bu raid i Gwendolyn gyfaddef. 'Fi. Fi oedd yr un oedd yn gyfrifol am gymorth cyntaf yn stafell newyddion y BBC.'

Yna plygodd dros Selwyn. Cydiodd yn ei arddwrn a theimlo

curiad ei galon. Roedd yna guriad ond roedd ei wyneb yn wyn fel y galchen. Ceisiodd Gwendolyn gofio'n ôl i'r gwersi gafodd hi. Doedd dim amdani ond . . . cusan fywyd.

Gwthiodd ben Selwyn yn ôl, yna rhoddodd ei cheg ar ei geg o . . . a dechreuodd chwythu. Yn sydyn, teimlodd dafod Selwyn yn ei cheg. Tynnodd ei cheg oddi wrtho ond rhoddodd Selwyn ei freichiau amdani a'i chusanu.

Chwarddodd pawb.

Unwaith eto, daeth ceilliau Selwyn yn handi. Gwasgodd Gwendolyn nhw â'i holl nerth. Gollyngodd Selwyn hi a chododd ar ei thraed.

Gwingai Selwyn ar y llawr â'i ddwylo am ei geilliau. Cheith o ddim ffyrst-êd i'r rheina, meddai Gwendolyn wrth ei hun . . .

7. Meri Crusmas

Roedd Ned Camal newydd ollwng cardiau Nadolig arbennig Seiont Pi-Âr yn y swyddfa ac wedi i Gwendolyn roi neges fechan i bob un o'u cwsmeriaid arnyn nhw – gan gynnwys un i Selwyn Morgan – cafodd Rhys y gwaith o'u rhoi mewn amlenni.

'Dwi'n reit egseited, Rhys. Mae Derec a fi'n mynd i lawr i Gaerdydd dros y Nadolig at hen ffrind coleg i mi – Mirain. Mi gawn ni'n dwy fynd o un parti i'r llall, tra fydd Derec a Bob – sy'n debyg iawn i'w gilydd – yn gwneud dim ond gwylio chwaraeon ar y teledu. O'r hwyl gawn ni . . . Be ti am wneud?'

'O, aros yn dre 'ma. Ca'l chydig o beintia hefo'r hogia.'

'A chinio Dolig?' gofynnodd Gwendolyn â rhywfaint o dosturi ar ei hwyneb o gofio'i bod hi'n dymor ewyllys da.

'O, mi ga i rwbath yn rhwla.'

'Wyt ti ddim am dreulio'r Dolig efo Sian?'

'Na, mae hi wedi mynd adra at ei theulu i'r sowth.'

Newidiodd Gwendolyn y pwnc. Yn amlwg, doedd Rhys ddim yn mynd i gael cymaint o hwyl â hi.

Roedd llyfu'r amlenni'n waith sychedig ac o fewn pum munud i'w gorffen roedd Rhys yn y *Darian Fach*.

'Nadolig Llawen,' meddai Huw Cris, â chap Sion Corn ar ei ben.

'Mae 'na dri diwrnod arall i fynd Huw,' meddai Rhys wrth estyn ei beint.

'Crismas cyms byt wans e îyr – byt wen it cyms its blydi hîyr,' atebodd Huw gan gymryd sbrigyn o gelyn oddi ar y bar a'i osod yn ei glust.

''Sgin ti ffansi mynd am Lanwnda heno?' gofynnodd Huw. 'Mi fydda i'n mynd draw bob Dolig i weld Diane yno. Mae dau o'r hogia am ddod efo fi.'

'Dwn i'm, Huw. Mi wnes i chydig o lanast y tro dwytha o'n i yno.'

'Duw, dwi 'di gneud llanast yno ganwaith ac mae'r hen Diane wedi madda i mi bob tro . . . Mi gawn ni dacsi yno ac o'no.'

Cytunodd Rhys ac erbyn iddo orffen ei beint roedd Ieu Lew a Sbardun wedi cyrraedd.

O fewn dim, roedd y tacsi y tu allan i'r *Llew* a'r pedwar yn brasgamu at y bar. Yno'n eu cyfarch roedd Ned Camal.

'Rhys, su' mai? Be tisio'i yfad? Diane, rho beint bob un i'r rhain a wisgi dwbwl hefyd i Rhys.'

Eisteddodd Ned yn eu mysg – fo oedd yn gosod y pês. Wedi gwagio sawl gwydr, teimlai Rhys yn ddigon hy' i ofyn i Ned ble cafodd o'r enw Camal.

Ond cyn i Ned ateb, roedd Huw Cris wedi neidio i mewn.

'Ti'm 'di sylwi arno'n yfad? Mae Ned yn yfad digon iddo allu cerdded o un pen i'r Gobi Desyrt i'r llall ac yn ôl. Ac yna mae o'n barod am fwy.'

Chwarddodd Ned gan roi clec i'w beint. Edrychodd y gweddill ar eu gwydrau hanner llawn.

'Reit, pwy bia'r rownd nesa?' gofynnodd Ned gan sychu'i geg â chefn ei law.

Roedd yr holl yfed yn gwneud i'r hogiau fod eisiau canu. A pha well na chanu carolau.

Cafwyd *O Deuwch Ffyddloniaid*, *Draw yn Ninas Bethlehem* a *Phwy sy'n Dwad dros y Bryn*. Ond yr orau oedd Huw Cris yn canu *Dawel Nos* – nerth esgyrn ei ben!

'Oes 'na rywun isio twrci'n mynd yn rhad?' gwaeddodd Diane dros y *Llew*.

Meddyliodd Rhys wrtho'i hun, Duw 'sa hwnna'n g'neud cinio Dolig i mi. 'Sa'n well na thun o fîns.

'Faint ydy o, Mrs Griffiths?'

'Deg punt i mi ga'l gwared ag o.'

O fewn dim roedd y twrci ar y bwrdd o flaen Rhys â'i din agored o fewn modfedd i'w wydr peint.

Âi pen Rhys yn is ac is ar y bwrdd fel yr âi'r noson yn ei blaen, ac roedd hyd yn oed Huw Cris a Ned Camal yn dechrau gwegian.

'Dowch y diawlad, dwi 'sio mynd i 'ngwely,' gwaeddodd Diane ar y pump oedd ar ôl a hithau wrthi'n hwfro llanast y noson.

Cydiodd Rhys yn ei dwrci – oedd erbyn hyn wedi ei fedyddio'n Abraham gan yr hogia – a chychwyn am y drws. Roedd ei lygaid bron â chau ac roedd y twrci'n cuddio gweddill ei welediad. Welodd o mo gêbl yr hwfyr. Baglodd Rhys a disgynnodd fel lleden ar ei wyneb a sbonciodd y twrci fel pêl ffwtbol allan drwy ddrws y *Llew*.

Aeth dau o'r hogiau – er eu bod yn sâl gan chwerthin – at Rhys a'i godi ar ei draed.

'Ti'n iawn . . . ?'

'Ydw, ydw. Lle mae Abraham?'

Erbyn hyn roedd Huw Cris wedi mynd i chwilio am y twrci a chael hyd iddo dan egsôst y tacsi.

'Ma' 'di hannar 'i gwcio'n barod i ti, Rhys!' meddai Huw Cris gan ddal Abraham dan ei fraich.

Rhoddwyd Rhys ac Abraham yn ddiogel yn sêt flaen y tacsi, hefo'r belt rownd y ddau, a phan gyrhaeddodd Twtil roedd Rhys yn cysgu â'i ben ar y twrci.

'Gobl, gobl, gobl,' meddai'r tri hefo'i gilydd yng nghlust Rhys, a deffrodd gyda naid.

'Mi dala' i,' meddai Huw Cris. 'Ewch chi â Rhys ac Abraham allan.'

Ond wrth fynd allan o'r car, llithrodd Abraham allan o ddwylo Rhys a rowlio i lawr i gyfeiriad y dref. Roedd Rhys erbyn hyn wedi cymryd at yr hen dwrci a rhedodd i lawr yr allt ar ei ôl gan weiddi 'Abraham! Abraham!'

Gorchmynnodd Huw Cris i ŵr y tacsi droi rownd a dilyn y twrci i lawr yr allt. Eisteddai Sbardun ar y bonet yn cyfarwyddo'r dreifar tra safai'r ddau arall yn y ddau ddrws cefn.

Ymhen hir a hwyr, cafwyd hyd i'r twrci mewn gwter. Gafaelodd Rhys ynddo'n dyner a'i gario i fyny'r allt i'w dŷ tra mynnodd dyn y tacsi bod Huw Cris yn talu teirpunt arall iddo am iwsio'i gar i gael hyd i Abraham.

Cafodd Rhys ei ddeffro'r bore wedyn gan sŵn seiren – ac roedd hi'n dod yn agosach ac yn agosach. O fewn dim, gwelai olau glas yn fflachio. Cododd ac agorodd gil y llenni – dim gormod gan nad oedd ganddo ond trôns amdano.

Rarglwydd! Roedd 'na injan dân y tu allan.

Gwisgodd amdano'n syth a rhedeg allan. Yno'n beichio crïo ar y pafin roedd Sonia drws nesa. Roedd mwg du yn dod allan drwy ddrws ei thŷ a'r hogia diffodd tân yn rhedeg i mewn ac allan efo'u pibell fawr wen.

Pan welodd Sonia bod Rhys yno, rhedodd ato a rhoi ei breichiau amdano. Edrychodd Rhys o'i gwmpas i gael gweld pwy allai ei weld, ond roedd pawb yn syllu ar y dynion tân.

'Mm . . . ma'n sttt . . . ôf i 'di ll . . . llosgi . . . a mmm ma'n nn . . . nhwrci i'n golsyn . . . a mm . . . mae Mam yn d . . . d . . . dod y . . . yma am gg . . . ginio D . . . Dolig fory,' meddai Sonia â'r dagrau'n llifo lawr cefn Rhys.

'Paid â phoeni, tyrd acw am banad. Mi drefnwn ni rwbath Son,' meddai Rhys gan roi ei fraich amdani.

Erbyn hyn, roedd y dynion tân wedi cael bob dim dan reolaeth.

'Y tân allan rŵan, Sonia,' meddai un ohonyn nhw. 'Chydig o lanast yn y gegin, ond fel arall bob dim yn ocê. Dolig Llawan,' a neidiodd at ei fêts i'r injan goch ac i ffwrdd â nhw.

Gwnaeth hyn i Sonia grïo mwy. Cydiodd Rhys yn ei llaw a'i harwain i'w fflat. Tra oedd Rhys yn gwneud paned iddi, aeth Sonia ati i dacluso'r fflat. Gwnâi iddi deimlo'n llawer gwell.

O fewn dim, eisteddai'r ddau yn y gegin o gwmpas y bwrdd yn yfed coffi du.

'Diolch i ti, Rhys,' meddai gan afael yn ei law. Doedd Rhys ddim yn gwybod sut i ymateb. Doedd Sonia ddim y ddela yng Nghaernarfon, ond roedd hi gyda'r glenia. Roedd hi'n Ddolig – a phwy welai o hefo hi beth bynnag.

Gwenodd arni a gwasgodd ei llaw.

'Be 'di'r pentwr 'na yn y gornel, Rhys?' gofynnodd gan gyfeirio at swp o gnawd a chroen a cherrig mân.

'Abraham! Blydi hel, Abraham. Do'n i'm yn cofio dim amdano fo.'

Edrychodd Sonia'n syn arno.

Rhoddodd Rhys y pentwr ar y bwrdd.

'Be 'di hwnna?' gofynnodd Sonia unwaith eto.

'Twrci!'

'Twrci? Mae o'n debycach i bêl ffwtbol.'

Ac yn wir, mi roedd golwg ofnadwy ar Abraham. Roedd hynny o bapur lapio oedd ar ôl wedi glynu iddo, a'r croen yn gerrig mân i gyd.

'Gei di o Son. Am boch chdi wedi colli dy dwrci. Mae o'n ocê. Roedd o'n ffresh neithiwr. 'Nes i brynu o yn y *Llew*.'

Edrychodd Sonia'n amheus ar y twrci, ond doedd ganddi fawr o ddewis. Roedd ei un hi wedi llosgi'n golsyn a doedd ganddi ddim pres i brynu un arall.

'Diolch, Rhys, ond ma'n rhaid i chdi ddod draw am ginio Dolig efo Mam a fi,' a rhoddodd gusan anferth ar ei foch.

Penderfynodd Rhys y byddai'n picio i'r swyddfa rhag ofn bod yna bost yno. Roedd yno ambell gerdyn Dolig a bil neu ddau. Caeodd ddrws y swyddfa ar ei ôl ac aeth am y Maes i gyfeiriad gwahanol i'r arfer. Doedd o ddim eisiau cwrw rŵan ac roedd ganddo ofn y byddai Huw Cris yn ei hudo i'r *Darian Fach*.

Ond pwy oedd ar fin mynd i mewn i *Dafarn Morgan* ond Harri Tacsi. Roedd yn rhy hwyr i Rhys ei osgoi.

'Dyw Rhys. Lle ti'n mynd?' gofynnodd.

'O gwmpas dre am chydig.'

'Ty'd i mewn am beint efo'r hogia . . . '

Doedd gwrthod ddim yn bosib â Harri'n cydio'n ei fraich ac yn ei dywys at y bar. Roedd rhai o'i gyfeillion yno'n barod.

'Bass i'r hogia i gyd, del,' meddai Harri wrth y barmêd.

A dyna'i dechra' hi unwaith eto . . .

'O'n i'n meddwl y basat ti'n brysur efo'r tacsis noson cyn Dolig,' meddai Rhys wrtho.

'Na, y wraig sy'n brysur, ddim fi. Mi fyddwn ni'r hogia'n ca'l sesh dwrnod cyn Dolig ers blynyddoedd.'

A sesh fu hi. O dafarn i dafarn. O beint i beint. O shortyn i shortyn. Nes cyrraedd y *Delyn*.

Roedd bownsar ar y drws.

'Chewch chi ddim dod i mewn â'r cyflwr yna arnoch chi, jentlmen,' meddai dyn oedd tua'r un maint â Thŵr Eryr.

'Pam con . . . ?'

Ond cyn i Harri gael gorffen ei gwestiwn, roedd braich dde'r bownsar am ei wddf ac yn ei dagu. Ceisiodd y gweddill sleifio heibio'r ddau. Ond roedd un arall yno. Daliodd ei ddwy law allan.

'Chewch chi ddim dod i mewn, jentlmen.'

'Pwy wyt ti con . . . ?'

Unwaith eto, chafodd y cwestiwn mo'i orffen, ac roedd y mawr yn gwthio'r hogia allan i'r stryd. Doedden nhw mewn fawr o stâd i ddadlau. Yn wir, prin y gallent sefyll ar eu traed.

'Wn i be wnawn ni hogia,' medda Harri â'i dafod yn dew. 'Mae . . . mae gin i lwyth o lysh Dolig adra. 'Na i . . . na i . . . ffonio'r wraig i nôl ni . . . ac mi awn ni adra i yfad o.'

Tynnodd ei ffôn symudol allan.

'Nei . . . nei di ddod . . . i . . . nôl ni . . . i dre?'

'Pwy sy' na?' clywodd yr hogia rhywun yn gofyn yr ochr arall.

'Wel, Harri . . . siŵr Dduw.'

'Ti 'di meddwi'n do'r sglyfath . . . a finna'n gweithio'n galad . . . ,' meddai'r llais unwaith eto o ben arall i'r ffôn.

Aeth y ffôn yn ddistaw. Yna canodd.

'Harri! Dwi'n dod i dy nôl di rŵan – rhag ofn i ti fynd i drwbwl. Lle wyt ti?'

Ac o fewn rhai munudau roedd Sierra du â Tacsis Harri ar ei ddrws wedi cyrraedd at y criw.

'Dan ni i . . . i gyd . . . yn dod . . . i tŷ ni am . . . lysh . . . ' ceisiodd Harri egluro.

Neidiodd ei wraig allan o'r car; cydiodd yn ei wegil a'i lusgo i'r car.

'Mi rwyt ti'n mynd i dy wely rŵan. A chitha – sa'n well i chitha fynd adra,' meddai gan gyfeirio at yr hogia oedd yn pwyso'n galed yn erbyn y wal.

Rhuodd y tasci i lawr y stryd ac yn araf gwasgarodd y criw am adref.

Cafodd Rhys ei ddeffro gan sŵn curo ar y drws. Yna gweiddi drwy'r twll llythyrau.

'Rhys! Rhys! Ti 'di deffro? Meri Crusmas!'

Cododd Rhys. Edrychodd ar y twll llythyrau. Gwelodd gracyr yn sticio allan ohono.

'Tynna'r cracyr, Rhys.'

Sonia oedd yno. Tynnodd y gracyr ond fel arfer, y pen gwag gafodd o.

Agorodd gil y drws ond gwthiodd Sonia i mewn. Yno safai Rhys yn ei drôns, yn amlwg yn dioddef ar ôl y diwrnod cynt.

'Meri Crusmas, Rhys,' meddai a neidio amdano gan ei wasgu'n dynn.

Roedd y drws yn llydan agored ac roedd dau o blant wedi aros y tu allan i weld yr olygfa.

'Tyrd, brysia, Rhys. Mae hi bron yn amsar cinio Dolig – ac mae Mam yn edrych ymlaen i dy weld di. Ac mae gin i bresant bach i chdi hefyd.'

Rhoddodd glamp o gusan iddo ac aeth allan. Roedd Rhys yn raddol ddod ato'i hun. Chwiliodd am ddillad gweddol lân. Tybed ddylai o newid ei drôns? Na, mi neith ddiwrnod neu ddau arall.

Presant! Shit! Roedd Sonia wedi prynu presant iddo a doedd ganddo ddim i'w roi iddi'n ôl. Edrychodd o'i gwmpas. Roedd yr anrheg gafodd gan Sian ar y bwrdd – wedi hanner ei agor. Cerflun bychan oedd o, gan artist o Nigeria. Jest be oedd Rhys isio. Mi wnâi'r papur i lapio presant i Sonia – ond be?

Aeth drwy'r cypyrddau. Doedd yna fawr ddim yno. Recordiau blŵs, rhywfaint o Meic Stevens a . . . dim byd fysa Sonia'n debyg o fod wedi clywed amdanyn nhw heb sôn am eu mwynhau. Yn y cwpwrdd bwyd roedd un Pot Nwdl.

Ella y bydd hi'n dda i'w gael o pan fydd hi wedi laru ar y twrci, meddai Rhys gan ei lapio'n ofalus ym mhapur drudfawr Sian.

Rhoddodd ddŵr dros ei wyneb a chrib yn ei wallt ac am dŷ Sonia.

Roedd y drws yn gil agored a cherddodd i mewn. Roedd y ddwy yn y gegin – Mam yn fersiwn hŷn a thrymach o Sonia.

'Mam, dyma Rhys drws nesa. Mae o'n local busnesman a fo sydd wedi rhoi'r twrci i ni.'

Gafaelodd Sonia ym mraich Rhys fel tasan nhw'n dipyn mwy na ffrindiau.

'Rhys, dyma Mam – Meri.'

'Meri Crusmas Meri,' meddai Rhys gan ysgwyd ei llaw.

'Sheri bach, Rhys?' gofynnodd y fam gan gyfeirio at botel hanner gwag ar y bwrdd. Roedd yn amlwg o'u hwynebau gwridog bod yn ddwy wedi dechrau dathlu'n barod.

Eisteddodd Rhys efo'r hen wraig yn yfed y sieri tra oedd Sonia'n rhoi'r cinio ar y bwrdd.

Tynnodd bob un gracyr er mwyn cael het ac yna steddodd pawb i fwyta.

'Rhys bach, dach chi ddim yn meindio, gobeithio, ond

mae'n rhaid i mi dynnu'r dannadd gosod 'ma i fyta'r cig,' meddai Meri oedd yn amlwg yn cael cryn drafferth efo Abraham.

Hyd yn oed pe bai Rhys am wrthwynebu, chafodd o ddim cyfle. Roedd y dannedd gosod ar y bwrdd o'i flaen. Ac roedd darn o rywbeth coch wedi glynu i'r plât uchaf.

'O, dyna lle ath fy wain gym i,' meddai'r hen wraig, gan ei rwygo oddi ar y plât pinc. 'Mi cadwa i o, mi neith o ganol pnawn.'

Cafodd Rhys bwl o gyfog gwag. Estynnodd Sonia fwy o'r sieri iddo.

Galluogodd hyn i Rhys allu cario mlaen i fwyta'i ginio Dolig, ond doedd fiw iddo edrych ar yr hen wraig. Heb y dannedd gosod, roedd rhywfaint o'r bwyd yn rhedeg allan drwy ochr ei cheg ac yn llifo'n ôl i'w phlât, ac yna'n cael ei godi'n ôl efo llwy.

Erbyn gorffen y pryd, roedd Rhys yn teimlo'n llawer gwell. Roedd y cinio wedi setlo'i stumog ac roedd y sieri'n gwneud iddo deimlo'n gynnes braf. Ac roedd yr hen Sonia'n dechrau edrych fwy fel Linda Evangelista bob munud.

Gadawodd Sonia'r llestri yn y sinc ac eistedd ar y soffa hefo'i mam, a Rhys yn y canol. Teimlai'r tri'n swrth braf. Erbyn hyn roedd y sieri a'r diffyg dannedd gosod wedi gwneud y fam yn annealladwy. Atebai Rhys hi hefo ambell 'Ia wir', 'Fel'na mae hi' a 'Neith hi'm gwella'. Roedd yr hen wreigan yn pendwmpian, a Sonia'n closio'n dynnach at Rhys. Dechreuodd Meri chwyrnu, gafaelodd Sonia'n dynn ym mraich Rhys.

Gwnâi Sonia arwyddion gan bwyntio tua'r llofft, ond bob tro y symudai Rhys fe hanner-ddeffroai'r hen ddynes. Doedd Rhys ddim yn rhy siŵr os oedd o eisiau mynd i'r llofft efo Sonia. Doedd o erioed wedi'i ffansïo hi – ond dynes ydi dynes. Roedd hi'n Ddolig a doedd neb arall o gwmpas ac roedd y ddau wedi cael dipyn go lew o sieri.

Trodd Rhys at Sonia. Yn amlwg, roedd Sonia'n awchu

amdano. Roedd ei hwyneb yn fflamgoch o gyffro a sieri. Roedd ei bronnau mawrion yn mynd i fyny ac i lawr fel yr âi ei gwynt yn fyrrach. Rhoddodd ei phen ar ysgwydd Rhys a dechreuodd gnoi ei glustiau.

O na byddai Sian fel hyn, meddai Rhys wrtho'i hun. Ac o na fyddai heb fod wedi gwisgo jîns mor dynn. Ar wahân ei bod hi'n boenus, roedd Sonia wedi sylwi fod Rhys yn hoffi'r sylw roedd o'n ei gael ganddi.

Trodd at Sonia. Dechreuodd y ddau gusanu. Gwthiodd ei thafod i'w geg. Ac er nad oedd Rhys yn hoffi blas sbrowts wnaeth o mo'i hatal.

Yn sydyn, teimlodd Rhys ei goes yn mynd yn wlyb. Edrychodd ar ei gwd. Na, roedd honno'n sych ac yn dal yn gadarn. Edrychodd i'r dde. Roedd Meri'n dal i gysgu ond roedd y gwlybaniaeth yn mynd yn waeth. Ac er bod Sonia'n dal i gnoi ei glustiau, allai o ddim canolbwyntio.

Neidiodd ar ei draed. 'Be sy?' gofynnodd Sonia.

Ac edrychodd y ddau ar y soffa PVC i weld pwll o biso'n rhedeg o gyfeiriad Meri Crusmas.

'Mam! Deffrwch! O, Mam ylwch be 'dach chi wedi'i wneud?!'

Wedi ysgydwad gan Sonia, mi ddeffrôdd yr hen wreigan.

'Mam, 'da chi wedi piso ar fy soffa PVC ac ar goes Rhys.'

'Duw, Duw, dim ond sheri ydy o,' meddai'r hen wraig gan roi ei bys ynddo a'i brofi'n ei cheg.

'Ma-am, plîs peidiwch – ddim o flaen Rhys.'

Safai Rhys ar ganol y llawr; roedd coes dde ei jîns yn socian gan biso sieri Meri. Rhedodd Sonia i'r cefn i nôl cadach a dechrau sychu'r soffa PVC.

'Lwcus na dim soffa brethyn 'sgin ti,' meddai Rhys er mwyn trïo codi'i chalon.

'Sa'n well i mi fynd rŵan,' meddai Rhys, gan ei bod yn amlwg fod Sonia wedi'i styrbio'n o ddrwg.

'Na, na, Rhys. Plîs paid â mynd. Mae gin i dreiffl a theisan

Dolig heb ei dechra. Cer di adra' i newid dy jîns a thyrd yn d'ôl.'

Doedd Rhys ddim yn siŵr beth i'w wneud, ond doedd o ddim wedi cael treiffl ers blynyddoedd.

'Ocê ta, Son. 'Ddo i'n ôl mewn dau funud.'

Ac wrth iddo gau'r drws ar ei ôl, clywodd Sonia'n gweiddi ar ei mam, 'A cherwch chitha i newid eich blwmars rŵan!'

Pan ddaeth Rhys yn ôl, roedd Meri mewn sgert wahanol, roedd y soffa'n sych ac mi roedd yna arogl persawr rhad yn yr awyr. Roedd Sonia wedi estyn bwrdd isel at y soffa ac roedd arno dair dysgl bwdin o dreiffl. O fewn dim, roedden nhw wedi clirio'r treiffl ac wedi cael darn o deisen bob un.

Roedd Meri'n dechrau anesmwytho ar y soffa.

'Be sy' Mam?'

'O, rhyw hen wynt. Wedi byta gormod o sdwnsh.'

''Sa'n well i chi godi,' meddai Sonia gan roi ei braich dan ei chesail a'i chodi o'r soffa gan fod Rhys yn edrych yn reit bryderus.

Cerddodd Meri tua'r gegin ac aeth Sonia'n syth at yr *hi-fi* a rhoi record Trebor Edwards arni'n reit sydyn.

Ond hyd yn oed yn anterth cytgan Hen Shep mi glywai Rhys anferth o rech yn dod o'r gegin. Rhedodd Sonia i gau'r drws a dechrau cydganu hefo Trebor i dynnu sylw Rhys oedd wedi dechrau edrych yn bryderus tua'r gegin.

Daeth Meri'n ôl i'r soffa, ond roedd yn amlwg bod yna fwy o wynt yn llechu'n rhywle yn ei stumog.

Edrychodd Sonia allan drwy'r ffenest.

'Be am fynd am dro bach, Rhys? Mae hi'n braf allan.'

Doedd Rhys ddim yn gwybod be oedd waethaf – cael ei fygu i farwolaeth gan Meri ynteu i rywun ei weld yn cerdded law yn llaw hefo Sonia Puw.

Fyddai yna neb allan bnawn Dolig, meddyliodd, felly mentrodd Rhys am yr awyr iach.

Gwasgai Sonia'i law wrth i'r ddau gerdded i gyfeiriad

Ffordd Bethel. Edrychai Rhys o'i gwmpas bob hyn a hyn, ond doedd neb oedd o'n ei adnabod o gwmpas.

Neb ond Nesta Nyts.

Roedd Sonia wedi stopio ar ben y stryd ac wedi rhoi ei braich am wddw Rhys er mwyn ei gusanu. Caeodd Rhys ei lygaid ac wedi cusan hir wlyb agorodd nhw.

'Waa!' Yn syllu arno – fodfedd neu ddwy i ffwrdd – oedd pâr o lygaid duon a thrwyn coch.

'Meri Crusmas. Tisio teisan Dolig?' gofynnodd Nesta.

'Blydi hel Nesta, be uffar tisio 'nychryn i,' gwaeddodd Rhys tra oedd Sonia'n ceisio clirio'r glust yr oedd Rhys newydd weiddi iddi.

Yn llaw Nesta roedd rhywbeth brown. Un ai teisen Nadolig rai blynyddoedd oed oedd hi neu roedd hi wedi pasio drwy Nesta o leiaf unwaith.

Ceisiodd Nesta wthio'r deisen i geg Rhys. 'Esu Nesta, dyro gorau iddi'r sglyfath!'

Roedd Sonia wedi gafael yn Nesta ac yn ceisio'i llusgo i ffwrdd.

Yn sydyn, clywodd sŵn rhywun yn curo ffenest. Ac yna gweiddi, 'Sonia! Sonia! Tyd i mewn.'

Edrychodd Sonia i gyfeiriad y sŵn. 'Linda! Chdi sy'na? Fa'ma ti'n byw rŵan?'

Neidiodd y ddau i mewn o olwg Nesta, a chlywyd hi'n gweiddi, ''Di bobol ddim hannar call ffor'ma,' wrth i Sonia gau'r drws ar ei hôl.

Tŷ bychan oedd tŷ Linda. Y stafell fyw – er i ddwy stafell gael eu troi'n un – yn fawr mwy na snyg y *Llew*. Ar ganol y llawr roedd pentwr o bapur lapio a bocsus a dau fabi tinoeth. Ac ar soffa â'i gwaelod wedi rhoi, eisteddai dyn yn ei fest yn chwarae gitâr.

'Ffeindiwch le'r ddau ohonoch,' meddai Linda gan geisio symud dillad oddi ar gadeiriau.

'Pwy 'di hwn?' gofynnodd Linda gan gyfeirio at Rhys.

'Rhys 'di hwn. Mae o'n byw drws nesa, ac mae o wedi bod draw am ginio Dolig efo fi a mam.'

'Duane a Regan 'di'r rhain,' meddai Linda gan gyfeirio at y sbrogs ar y llawr.

'Twins ydyn nhw?' gofynnodd Rhys er mwyn dangos rhyw fath o ddiddordeb.

'Na, mae 'na naw mis rhyngddyn nhw,' atebodd Linda. 'A Jango ydy hwn,' meddai gan gyfeirio at y gitarydd ar y soffa.

Nid oedd Jango wedi cymryd sylw o'r ddau ers iddyn nhw ddod i mewn. Daliai ati i chwarae ei gitâr tra gwaeddai'r babis ar y llawr, ac roedd rhaid i Sonia a Linda weiddi er mwyn cynnal rhyw lun o sgwrs. Ceisiai Rhys edrych ar ffilm ddu a gwyn oedd ar y teledu yn y gornel, ond roedd sgrechiadau'r babis a'r gitâr yn ei gwneud yn amhosib.

Yn sydyn, stopiodd Jango – a distawodd y plant. Aeth i'w boced a thynnu tun allan. Tra oedd Linda wedi mynd i'r cefn i nôl caniau o lagyr, roedd Jango wedi rhowlio pedwar joint a heb ddweud dim wedi pasio un bob un iddyn nhw. Rhoddodd Jango ei joint yng nghornel ei geg ac ailafaelodd yn y gitâr. O fewn dim, roedd y babis yn crïo unwaith eto.

Cymerodd Rhys lond ceg o fwg a phesychodd. Ond yn amlwg bod y tri arall wedi hen arfer. O fewn dim, roedd Rhys yn teimlo'n reit hapus ac eisteddai law yn llaw hefo Sonia'n gwrando ar y ddau fabi'n canu i gyfeiliant gitâr Jango. Ac erbyn hyn roedd y ffilm du a gwyn wedi troi'n un lliw – er mai'r un cymeriadau oedd ynddi.

Rhywbryd cododd y ddau a chan ddiolch i Linda a Jango a'r plant mi adawon nhw'r tŷ. Roedd yr awyr iach oer wedi clirio pen Rhys o fewn dim ac mi benderfynon nhw droi'n ôl am dŷ Sonia.

Pan ddychwelodd y ddau, roedd yr hen wreigan yn chwyrnu cysgu ar y soffa. Roedd y botel sieri oedd bron yn llawn pan gadawon nhw yn wag erbyn hyn. Pwyntiodd Sonia at y grisiau ac aeth y ddau ar flaenau'u traed i fyny am y llofft.

Roedden nhw ond newydd gyrraedd yr ystafell pan grafangodd Sonia amdano. Dechreuodd ei gusanu'n wyllt. Tynnodd ei ddillad oddi amdano. Yna, dechreuodd dynnu amdani'i hun.

Gorweddodd Sonia'n noeth ar y gwely a chan afael yn ei freichiau llusgodd Rhys tuag ati. Gwasgodd ef yn dynn â'i breichiau cryfion. Gwthiodd ei thafod i ben draw ei geg nes cyrraedd ei donsils. O fewn dim gwaeddai Sonia'n ei glust a gwthiai yntau gorau y gallai.

Roedd y ddau'n griddfan mewn unsain nes daeth . . .

CHWAP!

'Dyro'r gorau iddi'r diawl budur . . . .'

Meri oedd yno hefo llond llaw o gelyn pigog yn ei chwipio ar draws ei din.

'A chditha Sonia! Rhag dy gywilydd di! Yn y gwely hefo hwn . . . a dy fam i lawr grisia'n gwrando arnach chi . . . a hitha'n Ddolig.'

Roedd Sonia wedi neidio o'r gwely ac wedi lapio blancedi am ei chorff. Doedd yna'r un ar ôl i Rhys. Gafaelodd yn ei grys a'i drwsus a'i heglu hi am ei dŷ ei hun.

Wrth iddo gamu drwy'i ddrws, agorodd ffenest llofft drws nesa' a daeth ei drôns a'i sgidiau i'w ddilyn.

'Hwda'r sglyfath budur . . . '

8. Gwneud Drygioni

Roedd Rhys ar ei ffordd allan o'r swyddfa pan lanwyd ffrâm y drws gan ddyn boldew barfog.

'Ti gweithio yn Seiont Pi-Âr?' gofynnodd ag acen dysgwr o Fanceinion yn dew ar ei lais.

'Ym . . . ydw,' atebodd.

'Fi eisiau Pi-Âr i busnes fi.'

'O, dowch i mewn.' A throdd Rhys ac arwain y gŵr bonheddig i'r swyddfa.

'Ym, Gwendolyn mae Mr . . . Mr . . . '

'Mr Swanson, *Cambrian Hotels Limited*,' ac estynnodd ei law i Gwendolyn.

'Gwendolyn Prydderch, sînior partner Seiont Pi-Âr, a Rhys Huws y partner arall. Cymrwch sedd Mr Swanson.'

Edrychai Rhys yn bryderus ar y cadeiriau MFI wrth iddo eistedd ar un ohonyn nhw.

'Fi bildio hotel ar y *Menai Straits* – dros yr Aber – *The Straits Hotel*.'

'O ia, dwi wedi gweld hi, pan o'n i'n cael peint yn y . . . ' meddai Rhys.

Torrodd Gwendolyn ar ei draws. 'A . . . chi sy'n gyfrifol am y datblygiad yna. Troi hen blasdy Min Dŵr yn westy tair seren, os dwi'n cofio'n iawn.'

'Dyna ni, Gwendolyn. Gwesty gorau yn ardal bydd o. Pwll nofio, slipwe i dŵr. A mae yn lle seclwded ar gyfer y gests.'

'Da iawn. Da iawn,' meddai Gwendolyn gan ddangos diddordeb mawr yn y datblygiad.

'Fi isio help ti. Fi'n cael bad pyblisiti yn papur *Utgorn*. Mae pobol yn deud bod fi'n sboilio Menai Straits. Mae enfaironmentalists yn ysgrifennu llythyrau cas amdana i. Fi eisiau gwd pyblisiti i *Straits Hotel* yn papur *Utgorn*. A ti'n mynd i gneud o i fi.'

'Wrth gwrs, wrth gwrs,' meddai Gwendolyn.

Erbyn hyn roedd Swanson wedi estyn waled dew o boced ei shel-swt. 'Faint ti isio?'

Ceisiodd Gwendolyn wneud syms cyflym yn ei phen, ond roedd Swanson wedi dechrau tynnu papurau hanner can punt allan o'r waled.

'Gneith mil i ti dechrau?'

'Wrth gwrs, wrth gwrs, Mr Swanson,' meddai Gwendolyn â'i llygaid wedi'u hoelio ar y papurau.

'Reit fi ca'l gwd pyblisiti yn papur *Utgorn* wythnos nesa. Ocê?' Ac allan â fo dan chwythu wrth stryffaglio i lawr y grisiau.

Bu Gwendolyn ar y ffôn â Trystan o'r *Utgorn*. Bu draw yn ei weld. Bu â fo allan am ginio. Cawsant bryd da o fwyd a dipyn go lew o win ac . . .

Ac wele ar dudalen flaen yr *Utgorn* y dydd Mawrth canlynol – *Gwesty newydd yn gyfraniad pwysig i fywyd y dref.*

Canodd ffôn y swyddfa. Atebodd Gwendolyn o.

'Swanson yma. Da iawn, Gwendolyn, da iawn. Chdi a partner busnes chdi dod draw i'r hotel nos fory am parti bach efo ni.'

A'r noson ganlynol roedd Gwendolyn a Rhys yng Ngwesty'r *Straits* ar lan y Fenai. Cawsant daith o gwmpas y gerddi, y pwll nofio a'r ystafell ffitrwydd. Ac yna i'r bar. Aeth llygaid Rhys yn syth at y rheseidiau o boteli o bob math oedd ar gael yno. Arhosodd llygaid Gwendolyn ar ddyn golygus oedd yn pwyso ar y bar.

'Mab fi, Claude . . . '

117

Ac mae o'n glod i unrhyw ddyn, meddyliai Gwendolyn wrth ei hun gan edrych i fyw ei lygaid.

Tra oedd yr hen Swanson yn egluro wrth ei fab mai Gwendolyn oedd yn gyfrifol am yr erthygl ganmoliaethus yn yr *Utgorn*, roedd Claude yn mwytho'i llaw ac yn gwenu arni hefo'i ddannedd gwynion fel sêr yn disgleirio'n ei farf ddu.

Mae yna dipyn o westeion yma'n barod, meddai Rhys wrtho'i hun, gan edrych ar y dynion siwtiog llydain oedd yn cerdded o gwmpas.

''Dach chi'n dechra llenwi yma,' meddai Rhys wrth Swanson a hwnnw'n tywallt diod iddo.

'Y? Beth?'

'Y bobol 'ma o gwmpas?'

'Na, na, staff fi 'di rheina,' meddai cyn esgusodi ei hun a diflannu allan drwy'r drws.

Doedd Rhys ddim am amharu ar hwyl Gwendolyn a Claude ac felly cerddodd allan i'r ardd, â'i ddiod yn ei law. Yno, gwelodd rhywun roedd o'n ei adnabod.

'Ew, Twm Saer, sut wyt ti?'

'Rhys, 'ngwas i. Be ti'n da yn fan'ma?' gofynnodd Twm gan rowlio sigarét i'w hun.

'Gneud joban bach i Mr Swanson.'

'Fyddi di'n iawn yn fan'ma, boi. Mae o'n rowlio mewn pres. Mae o'n talu ddwywaith i mi be dwi'n arfar i ga'l yn dre 'ma.'

Yn y cyfamser, roedd Gwendolyn a Claude yn dod i adnabod ei gilydd yn dda. Roedd Gwendolyn wedi astudio pob modfedd ohono. Ei gorff llunaidd, cyhyrog. Ei lygaid duon, rhywiol. Ei farf a'r blew tywyll a dyfai ar hyd ei gorff a'i fedalion aur yn wincio arni bob yn hyn a hyn o ganol y goedwig oedd ar ei frest.

Dydy o ddim byd tebyg i'w dad, meddai Gwendolyn wrth ei hun. Roedd hwnnw'n dew hefo rhyw flew cringoch ar ei ên ac o amgylch ei ben moel.

Ac yn wir, doedd yna ddim perthynas gwaed rhwng Claude a'i dad. Edrychai Claude fel Arab ac yn ôl rhai, roedd yn ymddwyn fel un hefyd. Flynyddoedd lawer yn ôl, â Gloria ei fam yn ei phreim, roedd wedi cael ei hysgwyd gan Sheik neu ddau. A dyna o ble y daeth Claude.

Roedd y ddau erbyn hyn yn glafoerio dros ei gilydd â'u dwylo'n mwytho bob rhan o'u cyrff.

'Gwendolyn, ti'n gneud i fi chwysu yn bob man.'

'Dw inna'n . . . reit boeth hefyd,' meddai Gwendolyn yn gynhyrfus â'i llygaid yn troi yn ei phen.

'Ti dod efo fi i jacwsi.' Dim cwestiwn oedd o ond gorchymyn. Ond roedd Gwendolyn ar ei thraed o flaen Claude. Cerddodd y ddau â'u breichiau'n gwasgu'n dynn am ei gilydd am yr ystafell ffitrwydd.

Aeth y ddau i ystafell yn llawn stêm a dechrau tynnu amdanynt gan ychwanegu at wres yr ystafell.

'Claude!? Is it iw?' gofynnodd llais o ben draw'r ystafell. Aeth y ddau'n nes. Yno'n gorwedd yn y jacwsi roedd Gloria y fam yn ei holl ogoniant.

Roedd ei gwallt a amrywiai mewn lliw o wyn i felyn i ddu yn rhedeg fel pryfed genwair o'i phen i lawr i'w hysgwyddau. Nofiai ei bronnau fel dau fwi ar wyneb y dŵr. Yn un llaw, roedd porc pei ac yn y llall potel o frown êl. Wrth ei hochr, roedd trê'n nofio ar wyneb y dŵr yn llawn creision a chnau mwnci hallt. Bob yn hyn a hyn, tarai rech i ychwanegu at y bybls oedd eisoes yn y jacwsi.

'Mam fi di hwn,' meddai Claude gan gyfeirio at y morfil yn y twb. 'Gloria. Hwn ydy Gwendolyn,' meddai gan gyfeirio at Gwendolyn oedd yn sefyll yn noeth yng nghanol y stêm.

Cydiodd Claude yn ei llaw gan geisio'i thynnu i'r jacwsi, ond doedd gan Gwendolyn fawr o stumog i ymuno â Gloria a'i bybls.

Sibrydodd Gwendolyn yn ei glust, 'Sa'n well gen i gael gwely ar ein pennau'n hunain Claude.'

Wedi i'r ddau wisgo, cydiodd Claude yn ei llaw a'i thywys tuag at un o ystafelloedd gwely'r gwesty. Agorodd y drws a thaflodd hi ar y gwely. Tynnodd Gwendolyn ef ato ac o fewn eiliadau, roedd y ddau fel dwy neidr mewn sach yn troi a throsi ac yn clymu'n ei gilydd.

Erbyn hyn, roedd y ddau'n noeth unwaith eto. Gorweddai Gwendolyn fel lleden ar y gwely a'i choesau ar led. Roedd Claude wedi gwthio cadair at y wardrob ac yn prysur ddringo i'w phen.

Daliai Gwendolyn ei breichiau allan gan weiddi 'Claude! Claude . . . .'

Roedd Claude erbyn hyn yn sefyll ar ben y wardrob yn barod i neidio i'w breichiau agored.

Yn sydyn, dyma sŵn fel daeargryn. Cododd llwch i'r awyr a diflannodd Claude i mewn i'r dodrefnyn.

'Claude! Claude!' gwaeddodd Gwendolyn gan redeg tuag at beth oedd yn weddill o'r wardrob.

'Help! Help! Aw! Aw!' Deuai gweiddi a sgrechiadau o du mewn i'r pentwr coed, sgriws a llwch lli.

Agorodd Gwendolyn y drysau ac yno'n hongian oddi wrth ei ên ynghanol y crysau a'r teis roedd Claude. Prin y gallai siarad erbyn hyn – roedd ar fin cael ei ddagu gan dei. Wrth i Gwendolyn geisio'i ryddhau mi ddymchwelodd gweddill y wardrob efo'r ddau'n un pentwr ynghanol y dillad ar y llawr.

Roedd Claude mewn poen mawr a Gwendolyn yn methu deall beth oedd. Pwyntiai at ei ben-ôl. Ac yn wir, roedd un o'r hangyrs wedi'i wthio rhyw chwe modfedd i mewn i'w din.

'Shit! Shit!' gwaeddai ac aeth Gwendolyn yn oer drosti o feddwl am y fath argyfwng.

'Fi deud wrth Dad fi am peidio prynu wardrobs rhad shit 'ma eto . . . '

Welodd Rhys mo Gwendolyn am rai dyddiau wedyn, ond un bore mi alwodd i mewn i'r swyddfa am ychydig funudau. Roedd erthygl anffafriol arall wedi ymddangos yn yr *Utgorn*. Rhoddodd Gwendolyn ddarn o bapur i Rhys.

'Sgwenna rywbeth am y gwesty i'r papur eto. Dyma ffigyrau faint maen nhw'n gyfrannu i'r economi leol. A cer â'r erthygl i'r papur.'

Treuliodd Rhys weddill y dydd yn sgwennu. Teimlai o'r diwedd ei fod wedi cael hwyl dda arni. Roedd yn siŵr y buasai Mr Swanson wrth ei fodd, felly penderfynodd fynd draw i'w dangos iddo'r noson honno.

Wrth i'r MR2 nesáu at y gwesty, sylwodd Rhys fod yno fwy o geir nag arfer. Ac wrth iddo gerdded i mewn i'r dderbynfa, roedd yna rywbeth arall yn wahanol yno. Merched – o bob lliw a llun.

Roedd Swanson yn brysur ar y pryd. A thra disgwyliai Rhys amdano, daeth Twm Saer i'r golwg.

'Dal i weithio, Twm?'

'Ydw, mae hon yn job ddiddiwadd. Isio hyn. Isio llall.'

'Job sychedig, felly Twm?'

'Wel ydi wedi i ti ddeud. Mae yna far reit handi i lawr y grisia. Awn ni draw yno.'

Cerddodd y ddau i lawr i far y seler. Doedd neb yno ond Sandi'r barmed oedd y tu ôl i'r bar. Ond fel yr yfai'r ddau eu peintiau, dechreuodd y lle lenwi – yn ddynion a merched. Ni chymerai Twm unrhyw sylw ohonynt ond allai Rhys ddim cadw'i lygaid draw. Syllai arnynt rhwng cegeidiau o gwrw. Ac yn wir, roedd yn syllu llawer mwy pan ddechreuodd rhai ffurfio'n barau a dechrau tynnu amdanynt.

'Yli, Twm. Yli,' meddai Rhys gan bwnio'r Saer yn ei ochr.

'Duw, fel'na ma' nhw yma weithia. Maen nhw'n dod yma o bob man i ga'l orjis.'

'Blydi hel!' medda Rhys. ''Sa'n well i ni fynd rŵan, Twm?'

'Na, na, gorffen dy beint,' meddai Twm wrth i Gloria Swanson gerdded i mewn.

'Ar iw not joining ys twnait, Tom?'

'In e munut Musus Swanson, in e munut,' meddai Twm gan archebu dau beint arall.

'Rarglwydd, Twm. Wyt ti'n mynd i joinio nhw?' gofynnodd Rhys yn llawn ofn a syndod.

'Ddim cyn i mi orffen y peint yma.'

O fewn dim, roedd peint Twm yn wag ac roedd Gloria'n nesáu ato – â fawr ddim amdani.

'Its taim tw join ys Tom,' meddai gan chwerthin a chwifio'i bys arno fel tasai o'n hogyn drwg. 'And iw Rîs.'

Dychrynodd Rhys ac edrychodd ar Twm. Roedd hwnnw wedi agor ei falog ac yn tynnu'i goc allan. Carlamodd Rhys am y drws, ac wrth adael y stafell mi glywai Twm yn dweud, 'Us ddat inyff ffor iw twnait? Peint arall plîs Sandi!'

Wedi'r ddamwain efo'r wardrob, doedd Gwendolyn a Claude ddim wedi bod mewn ystafell wely hefo'i gilydd ers rhai dyddiau. Roedd gan Claude blastar ar ei ên a'i dalcen ac roedd yn cael trafferth i eistedd i lawr. Eisteddai ar glustog meddal wrth fwrdd yn edrych allan dros y Fenai. Gyferbyn ag o roedd Gwendolyn yn mwytho'i law.

Roedd cwch modur ar y ffordd i mewn i'r bae bychan o flaen y gwesty. Yn ei ddisgwyl roedd Swanson a hanner dwsin o ddynion cyhyrog mewn siwtiau. Edrychai Claude arnynt gyda chryn ddiddordeb ac yn wir, roedd yn cymryd mwy o ddiddordeb yn yr hyn oedd yn digwydd y tu allan nac yn Gwendolyn, oedd erbyn hyn yn rhwbio blaen ei throed rhwng ei goesau.

'Clau-ude, Clau-ude,' meddai'n gariadus. 'Pam ti'm yn edrych arna i?'

'Y . . . y . . . fi'n edrych ar y . . . y môr . . . '

Erbyn hyn, roedd Gwendolyn wedi mynd rownd y bwrdd ato ac wedi ceisio eistedd ar ei lin, ond neidiodd Claude gan afael yn ei din mewn poen.

Mwythodd Gwendolyn ei ben-ôl. 'Be am fynd i'r gwely eto, Claude?' meddai gan ei lusgo gerfydd ei law tuag at yr ystafell wely.

Roedd y cwch modur erbyn hyn allan o olwg Claude a rhoddodd ei sylw'n gyfangwbl i Gwendolyn.

O fewn dim, roedd yn ddau'n noethlymun borcyn ar y gwely. Ac er mwyn ceisio arbed rhywfaint ar din Claude mi aeth Gwendolyn ar ei phedwar o'i flaen a'i phen yn wynebu at y wal. Rhoddodd Claude gam neu ddau'n ôl; yna llamu amdani. Gwthiodd Gwendolyn yn ei blaen ac aeth â'i phen yn syth i'r wal gerrig oedd yn ei hwynebu.

CLEC! . . . a disgynnodd Gwendolyn yn llipa ar y gwely.

'Gwendolyn! Gwendolyn! Ti wedi marw?' gwaeddodd Claude gan ei gwasgu yn ei freichiau.

Ond roedd Gwendolyn yn dal i anadlu. Cariodd hi allan o'r ystafell ac i'r dderbynfa. Rhoddodd hi i orwedd yn noeth ar y ddesg a gorchymyn Sandi i ffonio'r ambiwlans. Tra oedd Claude yn dychwelyd i'r ystafell wely i nôl eu dillad, rhoddodd Sandi gopi o'r *Utgorn* drosti i'w chadw'n gynnes.

Ac yno y gorweddai Gwendolyn ar ddesg derbynfa'r gwesty hefo'r papur newydd a'i bennawd bras ar ei flaen yn gorwedd drosti – *Y Straits Hotel yn achosi cur pen i drigolion Caernarfon.*

Ychydig iawn welai Rhys o Gwendolyn yn ystod yr wythnosau dilynol. Roedd llawer o egni Seiont Pi-Âr yn mynd i edrych ar ôl eu cwsmer newydd Min Dŵr . . . y . . . *The Straits Hotel*. Treuliai Gwendolyn y rhan fwyaf o'i hamser un ai'n crwydro'r wlad yn Ferrari Claude neu yn ei gwch modur yn gwibio'n ôl ac ymlaen ar hyd y Fenai.

Un bore braf galwodd Huw Cris yn y swyddfa. 'Ti ffansi dod i sgota, Rhys?'

''Sgin i'm genwar na leisans . . .'

''Sgota môr efo Wil Sliwan. Gynno fo hand-leins yn 'i gwch. Awn i â chydig o gania hefo ni ac mi gawn ni bnawn difyr allan yn yr haul.'

Doedd gan Rhys fawr o amynedd i weithio ar ddiwrnod mor

braf. A pham ddylai o weithio â Gwendolyn yn gwneud dim?

'Grêt Huw. Pryd 'dan ni'n mynd?'

'Rŵan. Ma'r lysh yn nrws y *Darian Fach*. Ydy dy gar di gen ti?'

Ac o fewn dim, roedd hyn'na o fwt oedd yn yr MR2 yn llawn i'r ymylon a mwy, a Huw a Rhys yn gwibio ynddo i lawr i'r Cei.

'Fysa'n well i ni ofyn i Sian ydy hi isio dod efo ni?' gofynnodd wrth fynd heibio'r ganolfan gelfyddydau.

'Na, trip hogia 'di hwn. Ac os ei di'n despret,' meddai Huw â golwg ddireidus yn ei lygaid, 'mi ddalian ni gath fôr i ti! Fel yr hen longwrs ers talwm, pan oedd petha'n o ddrwg arnyn nhw wrth rowndio'r Horn!'

Edrychodd Rhys yn syn arno.

Pan gyrhaeddodd y ddau y Cei, roedd Wil Sliwan yn disgwyl amdanynt. Llwythwyd y cwrw i'r cwch a chychwynwyd am y bar tra oedd y llanw'n ffafriol. Gwthiodd y cwch drwy'r tonnau i fyny'r Fenai ac heibio'r *Straits Hotel*.

'Arglwydd, mae 'na rhyw gychod drud yn yr hotel newydd 'na,' meddai Wil. 'Mae 'na rai'n cyrraedd yno bob adeg o'r dydd a'r nos.'

Trodd y ddau at Rhys i geisio eglurhad, ond doedd gan Rhys fawr o amynedd i siarad am waith ar ddiwrnod mor braf.

Angorwyd y cwch rhyw filltir o draeth Llanddwyn. Tynnodd Huw Cris ei sbienddrych allan i edrych os oedd yna rai'n torheulo'n noeth yno – ond dim lwc. Ac yno y buon nhw. Yn dal ambell bysgodyn ac yn yfed sawl can o gwrw nes y dechreuodd yr haul fynd i lawr i gyfeiriad Iwerddon.

'Fysa'n well i ni chychwyn hi'n ôl cyn iddi d'wyllu,' meddai Wil gyda'i lygaid yn sganio'r tonnau.

Ond wrth iddo godi'r angor, tynnodd rhywbeth ei sylw.

'Ma' 'na fotor-bôt yn fan'cw – ma' hi'n mynd efo'r llanw,' meddai Wil. 'Dydy'i hinjian hi ddim wedi tanio a does ganddi ddim angor. 'Sa'n well i ni fynd draw rhag ofn bod nhw isio help.'

Llywiodd Wil Sliwan ei gwch draw at y cwch modur efo Huw Cris â'i sbienddrych ar ei blaen yn ceisio gweld a oedd rhywun arni.

'Ma' hi fel y *Meri Selest*, hogia,' meddai Huw, 'er ma' 'na rhyw symud i fyny ac i lawr yn rhywle ynddi.'

Diffoddodd Wil beiriant ei gwch a gadael iddi ddrifftio'n araf at y cwch modur. Edrychodd y tri dros yr ochr ac yno, ar ei gwaelod roedd rhywbeth mawr blewog yn mynd i fyny ac i lawr a phâr o freichiau gwynion yn gafael amdano.

'Rarglwydd, sî monstyr,' meddai Huw Cris.

Neidiodd y blewog pan glywodd y lleisiau, ac yno'n gorwedd oddi tano'n noethlymun borcyn – roedd Gwendolyn Prydderch!

O fewn dim, roedd Claude ar ei draed. Ei fedalion aur yn swingio gorau gallai rhwng blew du ei frest a'r haul yn taro ar y fodrwy oedd wedi'i gosod ar flaen ei gwd. Allai o ddim cael y geiriau allan yn ddigon buan i egluro beth oedd o'n ei wneud. Doedd y gwersi Wlpan ddim wedi sôn am sefyllfa fel hyn.

Pan ddaeth Gwendolyn dros ei sioc, chwiliodd am rywbeth i guddio'i swildod. Yr unig beth o fewn cyrraedd oedd potel siampên wag a dau baced o greision prôn coctel. Bu'n rhaid i'r rheiny wneud gan bod ei bicini yng nghaban y cwch.

Erbyn hyn cafodd Claude hyd i'r geiriau. 'Be ti'n gneud y pîping-tom? Dod yma i dustyrbio ni! Y pyrfyrts!'

'Meddwl boch chi mewn trafferth oedden ni. Gweld y cwch yn mynd efo'r llanw,' ceisiodd Wil egluro.

Ond doedd Claude ddim am ddisgwyl am eglurhad. Neidiodd i'r sedd y tu ôl i'r llyw. Taniodd y peiriant a gwibiodd y cwch modur cyn gynted ag y gallai'n ôl am y *Straits Hotel*.

'Mae dy bardnar di wedi dal sgodyn go lew yn fan'na,' chwarddodd Wil.

'Un efo modrwy'n barod iddi allu gafa'l ynddo,' ychwanegodd Huw.

A chwarddodd y tri dros y lle fel yr ymlwybrai'r cwch i lawr y Fenai yn ôl am harbwr Caernarfon.

Roedd Rhys wedi cael chydig gormod i yfed i yrru'r car o'r
Cei, felly gadawodd o yno a cherdded ar draws y Maes efo
macrell ymhob llaw.

Penderfynodd alw yn y swyddfa. Roedd llu o negeseuon ar y
peiriant ateb. Cwsmeriaid blin yn gofyn ble'r oedd eu gwaith,
ac yn benodol ble'r oedd Gwendolyn. A thair galwad gan Derec
yn gofyn am ei wraig. Roedd effaith y cwrw tun yn dechrau
treulio ac aeth Rhys i deimlo'n reit ddigalon.

Ydy Gwendolyn yn mynd i 'ngadael i am y cwd blewog yna
hefo modrwy ar ei goc? Alla i ddim gwneud y gwaith 'ma'n
hun. Ei syniad hi oedd dechrau cwmni Pi-Âr. Pam ddiawl na
ddaw hi'n ôl ata i a'i gŵr?

Doedd o ddim wedi gweld Sian ers dros wythnos chwaith.
Felly penderfynodd roi galwad ffôn iddi.

'Helo Sian. Sut wyt ti ers talwm?'

'A Rhys, shwt wyt ti? Fi di bod yn fishi iawn dros y dyddie
dwetha 'ma. 'Ŷf fi wedi meddwl dy ffono di lawer gwaith ond . . .'

'Wyt ti ffansi mynd am beint bach heno, Sian?'

'Yn anffodus, alla i ddim Rhys. Mae 'da fi gyfarfod o
Gyngor Celf y Gogledd heno, a nos fory wy'n mynd am gino
'da . . .'

'O, dim ots ta. Wela i chdi rywbryd eto . . .' a rhoddodd y
ffôn i lawr.

Pwysai ar y ddesg â'i ben yn ei blu. Dim Gwendolyn, dim
Sian. A doedd ganddo ddim awydd peint chwaith.

Cydiodd yn y ddau bysgodyn, caeodd ddrws y swyddfa a
cychwynnodd am ei fflat yn Twtil. Fel y cerddai i fyny'r allt
daeth cath frech Mrs Jones rhif 3 i'w ddilyn.

'Dos oma'r gotsan,' gwaeddodd gan geisio'i chicio.

Clywodd Sonia drws nesa'r gweiddi a daeth i'r drws.

'Rhys, be sydd?' Ond gwelodd y gath. 'Sheeba, tyrd yma?
Paid â'i chicio hi Rhys. Isio bwyd mae hi,' a chododd y gath

i'w breichiau. 'Dydy hi ond yn cael letys gan Mrs Jones. Mae hi'n slimio byth a beunydd, a dydy hi ddim yn dallt wir – os na chaiff hi fwyd go iawn – pam ddylai Sheeba gael peth chwaith.'

Rhoddodd Sonia'r gath i lawr. 'Lle gest ti rheina Rhys?' gofynnodd gan bwyntio at y mecryll.

'O, wedi bod yn sgota hefo Huw Cris a Wil Sliwan dwi.'

'Be ti'n mynd i 'neud efo nhw?'

'Eu cwcio nhw.'

'Sut?'

'Ymmm . . . yn popty . . . hefo . . . . Smash . . . '

'Fysa chdi'n licio i fi ffrïo nhw i chdi hefo tatws go iawn a phys slwj?'

Daeth dŵr i ddannedd Rhys. 'Ydy dy fam yna?' gofynnodd gan gofio'r anrheg Nadolig gafodd o ganddi.

'Nadi. Mae hi wedi mynd i Blacpwl efo cefndar iddi.'

A dilynodd Sonia i'r tŷ wedi iddi'n gyntaf hel Sheeba'r gath frech i ffwrdd. Eisteddodd Rhys ar y soffa yn gwylio *Neighbours* tra oedd Sonia'n paratoi'r pryd.

O fewn dim, roedd y bwyd ar y bwrdd –macrell bob un efo pentwr o datws wedi'u stwnshio a phys slwj yn dechrau llifo dros ochr y plât. Llyfai Rhys ei geg fel y cydiodd yn y gyllell a'r fforc.

Yna, gwaeddodd Sonia o'r gegin. 'Rhys! Elli di agor y tun pêrs 'ma i mi i ni gael o i bwdin?'

Gadawodd Rhys y bwrdd ac aeth i'r gegin i'w helpu. Doedd o fawr o dro. Ond pan ddychwelodd o'r gegin roedd y gath frech ar y bwrdd. Roedd wedi bwyta pysgodyn Sonia ac roedd ei un o yn ei cheg.

'Sonia! Brysia! Ma'r shitbag wedi byta'n pysgod ni . . . !'

Roedd Rhys yn y swyddfa ar ben ei hun – unwaith eto. Clywodd sŵn traed yn dod i fyny'r grisiau. Cododd ei ben o'r llyfr yr oedd yn ei ddarllen. Derec, gŵr Gwendolyn oedd yno.

'Su' mai, Derec? Dê-off?'

'Na, fflecsi. Chwilio am Gwendolyn o'n i. Wyt ti'n gw'bod lle ma' hi?'

'Ym . . . y . . . mae hi ar y job . . . y . . . y . . . yn gwneud joban.'

'O . . . Ti'n gwybod yn lle? Dwi'm 'di gweld hi ers dyddia . . . ' meddai Derec yn bryderus.

'Ymm . . . mae hi wedi bod yn brysur iawn 'sti. Y . . . y . . . clients yn bob man.'

'Elli di ddeud wrthi pan weli di hi 'mod i'n chwilio amdani?'

'Iawn, Derec. Iawn. Mi wna i.'

Ac i ffwrdd â Derec â'i ben yn ei blu.

Roedd hi'n bump o'r gloch, a doedd dim golwg o Gwendolyn. Penderfynodd Rhys mai gwell fyddai mynd i chwilio amdani. Doedd yna ond un lle y gallai fod – yn y *Straits Hotel* efo Claude!

Penderfynodd gerdded draw gan ei bod yn noson braf. Fel y nesâi at y gwesty, gwelai gwch mawr yn teithio'n gyflym ar hyd y Fenai ac yna'n aros ger slipwe'r gwesty. Pan gyrhaeddodd Rhys, roedd dynion yn cario nifer o focsus i mewn drwy'r drws cefn.

Aeth at y dderbynfa. Sandi oedd yno.

'Ydy Gwendolyn yma?' gofynnodd.

Amneidiodd Sandi am y cefn. 'Yn yr offis efo Claude mae hi.'

Curodd Rhys ddrws y swyddfa – rhag ofn iddo'i dal o dan y blewog unwaith eto. Wedi peth amser agorwyd y drws gan Claude yn gwthio'i grys i mewn i'w drwsus.

'Ie?'

'Ydy, Gwendolyn yna?'

Cafodd wahoddiad i mewn. Roedd Gwendolyn yn esgus darllen cynnwys ffeil. Ac er ei bod wedi ceisio'i gorau i gael trefn arni hi ei hun, roedd ei nicyrs i'w weld yn hongian ar handlen drws y ffeiling cabinet.

Cododd ei golygon pan gerddodd Rhys ati.

'A . . . Rhys, sut wyt ti? Wrthi'n trafod ymgyrch hysbysebu arall efo Claude. Dwi'n falch dy fod wedi dod yma, mi gawn ni . . . .'

Ond cyn iddi orffen ei brawddeg, torrodd Rhys ar ei thraws. 'Mae Derec yn chwilio amdanach chdi.'

'Pwy yw Derec?' gofynnodd Claude.

'O, 'mrawd bach i,' atebodd Gwendolyn â gwên lydan ar ei hwyneb.

Ar hynny, rhuthrodd dyn mewn siwt i mewn drwy'r drws.

'Pigs! Pigs!' gwaeddodd.

Meddyliodd Rhys i ddechrau ei fod yn cyfeirio at antics Claude a Gwendolyn, ond gwelwodd Claude a brysiodd allan drwy'r drws.

Edrychodd Rhys a Gwendolyn ar ei gilydd ac yna drwy'r ffenest. Yn dod am y gwesty roedd haid o blismyn; rhai mawr tew, rhai hefo cŵn, a rhai hefo gynnau!

Clywsant sŵn gweiddi a malu drysau. Rhedodd y ddau allan o'r swyddfa. Yno, â'i fag tŵls yn ei law, roedd Twm Saer.

'Ffor' hyn y ddau ohonoch chi,' meddai Twm cyn iddyn nhw allu dweud dim, gan eu harwain at ddrws yng nghefn y gwesty.

'Be sy'n digwydd Twm?' gofynnodd Rhys oedd erbyn hyn wedi cynhyrfu'n o ddrwg.

'Drygs rêd! Ma'r Swanson 'ma a'i giang wedi bod yn dod â drygs i'r wlad . . . '

Erbyn hyn roedd y sŵn gweiddi a malu'n dod yn nes.

'Claude! Claude! Ble mae Claude?' cwynfanai Gwendolyn wrth gael ei llusgo gerfydd ei braich gan Rhys.

Cyrhaeddodd y tri iard fechan yn y cefn, ond roedd yna ffens goed uchel o'i chwmpas.

''Da ni'n stýc!' meddai Rhys. 'Claude! Claude! Ble mae Claude?' daliai Gwendolyn i nadu.

Erbyn hyn roedd Twm wedi tynnu llif allan o'i fag ac yn llifio twll yn y ffens. Gwendolyn aeth drwy'r twll gyntaf ac roedd yn amlwg bod ei nicyrs yn dal yn swyddfa Claude . . .

Y bore canlynol, roedd copi o'r *Utgorn* ar ddesg yn swyddfa Seiont Pi-Âr. Sgrechiai pennawd ar y dudalen flaen – *Gwesty ar y Fenai'n bencadlys i farwn cyffuriau!*

'Allwn ni wneud dim i helpu Swanson rŵan,' meddai Rhys.

'Na Claude,' meddai Gwendolyn gan sychu deigryn o gornel ei llygaid.

9. Colej of Nolej

'Seiont Pi-Âr?' gofynnodd llais yr ochr arall i'r ffôn.

'Ia,' atebodd Rhys.

'Mae'r Athro Farquhar eisiau gair efo chi.'

'Athro be?' gofynnodd Rhys.

Chafodd Rhys ddim ateb gan fod yr Athro ei hun wedi cyrraedd pen arall y ffôn.

'Yr Athro Robert Farquhar yma, Adran Seicoleg a Phennaeth Gwasanaethau Busnes Prifysgol Bangor,' meddai gyda blynyddoedd o awdurdod yn ei lais.

'O ia . . . '

'Rydw i'n trefnu cynhadledd yma'n y Brifysgol i ddangos i fyd diwydiant beth mae'r coleg yn ei wneud a sut y gallwn ni gydweithio â nhw.'

'O ia . . . '

'A mi rydw i eisiau Seiont Pi-Âr i drefnu'r cyhoeddusrwydd ar ein cyfer.'

'O ia . . . '

'Oes ganddoch chi ddiddordeb?' gofynnodd yr Athro yn amlwg yn dechrau colli amynedd efo'r diffyg brwdfrydedd o du'r cwmni cysylltiadau cyhoeddus.

'Yyyy . . . oes Mr Ffy . . . Ffa . . . '

'Reit, naw o'r gloch yn fy swyddfa i bore fory,' ac aeth y ffôn yn farw cyn i Rhys allu cadarnhau y byddai yno.

Pan ddaeth Gwendolyn i'r swyddfa roedd ar ben ei digon.

'Prifysgol Bangor? Mae'n rhaid i'r ddau ohonom ni fynd yno. Siwt i chdi a . . . beth bynnag, ga i weld bore fory . . . '

131

Am chwarter i naw, roedd y ddau'n cael eu harwain ar hyd coridorau hynafol y Coleg ar y Bryn. Ysgrifenyddes yr Athro oedd yn eu tywys ac edrychai'n debyg iddi fod wedi gweithio yno ers sefydlu'r coleg. Yn wir, taearai Rhys ei fod yn gweld mwsog yn tyfu arni.

Curodd yr hynafwraig ar y drws a chlywyd 'Cym in' o'r ochr arall.

'Ddy Pi-Âr pîpl, Proffesor,' meddai gan eu hatal rhag ei dilyn i'r swyddfa.

'Bring ddem in. Dewch i mewn,' meddai'r Athro o du ôl i bentwr o bapurau.

Symudodd ffeil neu ddwy o'r canol gan adael ffenest iddo'i hun allu trafod busnes efo Rhys a Gwendolyn.

'A phwy 'dach chi felly?' gofynnodd.

'Rhys,' atebodd gan mai ato fo'r oedd yr Athro'n edrych.

'Naci, chi ddynas,' meddai â'i lygaid yn dal ar Rhys.

'Ym . . . y . . . Gwendolyn Prydderch, sînior partnyr Seiont Pi-Âr.'

'A chditha?' gofynnodd gan edrych tuag at gerflun o Proust ar silff. Roedd plac oddi tano'n dweud pwy oedd o.

Edrychodd Rhys dros ei ysgwydd. Doedd Proust am ddweud dim felly atebodd Rhys, 'Rhys Huws, jiwnior partnyr Seiont Pi-Âr.'

'Reit ta,' meddai gan estyn ffeil o waelod pentwr oedd ar ochr y ddesg. 'Down tw busnes. Fel yr eglurais i . . . ' ond chafodd o ddim cyfle i egluro beth oedd o wedi egluro gan fod y pentwr ffeiliau wedi disgyn ar y llawr.

'Pic ddem yp,' gwaeddodd â'i wallt gwyn hir yn codi bob ochr i'w ben.

Dychrynodd Gwendolyn gan mai ati hi'r oedd o'n edrych. Ond pan blygodd i lawr i estyn am y llanast, daeth bloedd arall, 'Iw, chi! 'Dach chi fawr o jentlman yn nac ydech, gadael i ferch wneud y gwaith. Pa goleg fuoch chi?'

'Ymmm . . . Lerpwl,' atebodd Gwendolyn. 'Bî Ê Hiwmanitis.'

'Na, chdi,' gwaeddodd, ei fys yn pwyntio at Rhys â'i lygaid ar Proust.

'B . . . Bangor . . . Normal . . . tystysgrif dysgu,' baglodd y geiriau allan o geg Rhys wrth iddo godi'r ffeiliau oedd ar y llawr.

'Hon 'dach chi isio Proffesor Ffy . . . Ffa . . . ?' gofynnodd gan estyn ffeil iddo ag arni gyfeiriad at gynhadledd fusnes.

Agorodd yr Athro'r ffeil ac estyn copi bob un i'r ddau o gyfarwyddiadau ar gyfer trefnu'r cynhadledd.

'Mae popeth yma,' meddai'r Athro. 'Y manylion, dyddiadau . . . a'r ffî. Mi fyddai'n disgwyl adroddiad wythnosol i ddweud sut mae pethau'n mynd. Hwyl fawr i chi,' ac estynnodd ei law allan i Gwendolyn gan edrych ar Rhys. Yna daeth ei law i gyfeiriad Rhys a disgynnodd ei lygaid ar Proust.

Aeth y ddau allan heb ddweud gair.

Pwysodd Rhys ar y wal, 'Blydi hel mae llgada'r ffy . . . '

'Farquhar!' torrodd Gwendolyn ar ei draws.

' . . . yn mynd i bob man!'

'Dim ots,' meddai Gwendolyn yn edrych ar y manylion. 'Ma'r job 'ma'n pîs o pus ac maen nhw'n talu deg mil o bunna i ni!'

Erbyn hyn, roedd llygaid Rhys hefyd yn hedfan i bob cyfeiriad.

Rhys gafodd y gwaith o fynd â'r adroddiad wythnosol cyntaf at yr Athro. Roedd Gwendolyn yn rhy brysur. Yr hen fwsog arweiniodd o unwaith eto i stafell Farquhar.

'Ddy Pi-Âr jentlman,' meddai gan wrthod ei adael i mewn nes i'r Athro godi'i ben o'i waith sgwennu.

'A, ie, Bangor Normal,' meddai'n ddirmygus gan edrych ar Proust. 'Dewch i mewn. Yr adroddiad?'

Pasiodd Rhys amlen fawr frown dros y pentwr ffeiliau. Safodd yn ei unfan fel tasai o'n hogyn drwg o flaen prifathro tra oedd yr hen Farquhar yn darllen yr adroddiad wythnosol.

Daeth ambell 'Hmm' ac ambell ochenaid bob hyn a hyn.

Yna tynnodd ffownten pen o'i ddrôr a dechrau sgwennu'n frysiog ar bob tudalen.

Rhoddodd bopeth yn ôl yn yr amlen. 'Dim digon da! Typical Bangor Normal sdyff!'

Tarodd Rhys olwg dros ei ysgwydd. Tybed oedd Proust yn cytuno ag o?

Edrychodd Rhys yn syn ar yr Athro. Roedd o a Gwendolyn wedi treulio o leiaf bedair awr ar y gwaith ac yn teimlo'u bod nhw wedi gwneud gwaith da iawn o ystyried eu bod yng nghanol joban arall ar y pryd.

'Mae'r cyfarwyddiadau mewn coch ar bob tudalen. Dowch yn ôl ddiwedd yr wythnos wedi gwneud y pethau fel yr ydw i am i chi eu gwneud,' ac estynnodd yr amlen yn ôl iddo.

Aeth Rhys allan â'r amlen yn ei law. 'Yr hen Farquhar uffar!' meddai wedi iddo gau'r drws ar ei ôl.

'Ydy o mewn mŵd drwg?' gofynnodd llais benywaidd wrth ei ochr.

Trodd Rhys rownd. Myfyrwraig oedd yno. Ac un ddel hefyd!

'Ymmm . . . uffernol. Fydd o mewn mŵd da weithia?' gofynnodd Rhys gan syllu i'w llygaid.

'Dim ond mewn partïon. Pan fydd o wedi cael llond ei fol o win coch. Yr unig ddrwg yr adeg honno, ydi'i fod o ar ôl pawb ac isio gneud dyrti dansing. Hen Farquhar budur ydy o!'

'O,' meddai Rhys ddim yn siŵr iawn beth oedd ganddi dan sylw. 'Isio mynd i'w weld o wyt ti?'

'Ia, mae gen i draethawd i fod i mewn a dwi dri diwrnod yn hwyr. Wyt ti'n y coleg 'ma?' gofynnodd gan edrych ar Rhys o'i ben i'w gorun.

'Na, na. Busnas yn hun gen i. O'n i ym Mangor ers talwm ynde. Y . . . ychydig flynyddoedd yn ôl. Na, dod yma ar fusnas ydw i. Seiont Pi-Âr,' ac estynodd gerdyn iddi.

'Pi-Âr!' meddai'r fyfyrwraig â'i llygaid yn agor lled y pen. 'Rhys,' meddai wedi gweld yr enw ar y cerdyn. 'Dwi'n gneud joint onyrs media a seicoloji drwy gyfrwng y Gymraeg a mae gen i broject Pi-Âr i'w wneud . . . a dwi'n hwyr efo hwnnw hefyd,' meddai gan edrych arno hefo'i llgada-cym-tw-bed.

'Wyt ti isio help?' gofynnodd Rhys gan neidio at y cyfle. Ar hynny, daeth yr hen fwsog heibio.

'Wnewch chi'm rhoi hwn i'r Athro os gwelwch yn dda?' gofynnodd y fyfyrwraig gan wthio pentwr o bapurau i'w llaw.

Trodd at Rhys. 'Heulwen ydw i. Awn ni am goffi.'

Ac yn wir, roedd yr haul yn tywynnu ar Rhys.

Arweiniodd hi Rhys i far coffi'r myfyrwyr. Wedi estyn coffi bob un, cawsant hyd i fwrdd mewn cornel dawel.

'Mae'n rhaid i fi wneud ymgyrch gyhoeddusrwydd smalio ar gyfer agor canolfan ymwelwyr, Rhys. A does gen i ddim syniad. Gollis i'r ddarlith 'cos o'n i wedi cael uffar o sesh noson cynt.'

'Sgin dy fêts di ddim nodiada? Dyna o'n i neud erstal . . . ym . . . chydig flynyddoedd yn ôl.'

'Na, oeddan ni i gyd yn sâl dwrnod hwnnw. 'Mond rhyw lond llaw o swots aeth i'r ddarlith a wnân nhw ddim rhannu'u nodiada hefo ni.'

'O'r ffy . . . y . . . y cachwrs yn de?'

'Ia, a dwi'n sdýc,' meddai Heulwen â'i llgada llo bach yn edrych i mewn i'w rai o.

'O,' meddai Rhys. Allai o ddim dweud dim byd arall.

'Nes di gynnig helpu fi'n do?' meddai Heulwen gan chwarae â chefn ei law â'i bysedd.

'Y, do. Unrhyw beth. Unrhyw beth.'

'Reit ta. Lle 'dan ni'n dechra?' gofynnodd gan estyn papur a phensel o'i bag.

Ac o fewn dim roedd gan Heulwen fraslun o ymgyrch cysylltiadau cyhoeddus ar gyfer canolfan ymwelwyr.

'Grêt, Rhys!' meddai â'i llygaid o fewn modfedd i'w rai o. 'Elli di'm sgwennu o i fi?'

'Be 'ti'n 'neud?' gofynnodd Gwendolyn pan welodd Rhys yn dyrnu'n wyllt ar allweddell y cyfrifiadur.

'Ail 'neud y joban coleg yna wyt ti?' ychwanegodd.

'Ym . . . na.'

'Does gynnon ni ddim byd arall. Rydan ni newydd orffen y joban 'na i Gwmni Caernarfon,' meddai gan edrych dros ysgwydd Rhys.

'Canolfan . . . Ymwelwyr . . . Llanbidinodyn . . . Does ganddon ni ddim gwaith i Ganolfan Ymwelwyr Llanbidinodyn. A beth bynnag, does na'm fath le.'

'Ym . . . na,' meddai Rhys a'r teipio'n cyflymu.

Cododd llais Gwendolyn. 'Wyt ti'n gneud gwaith ar y slei. Gneud fforinyrs. A chadw'r pres i chdi dy hun?'

'Nadw, go iawn, Gwen. Fyswn i byth yn meiddio gwneud hynny!' meddai Rhys wedi stopio waldio'r cyfrifiadur am ennyd.

'Be wyt ti'n 'neud ta?' gofynnodd Gwendolyn â'i llygaid yn fflachio.

'Y . . . dwi'n helpu . . . helpu'r hogan 'ma i neud 'i phroject yn coleg . . . '

'Pa hogan? A pam ti'n helpu hi?' gofynnodd wedi tawelu rhywfaint.

'Ym . . . Heulwen. Mae hi ar 'i hôl hi hefo'i gwaith coleg . . . a nes i gynnig ei helpu hi . . . '

'A . . . ?' gofynnodd yn awgrymog.

'A dim byd. Rydan ni jest ffrindia.'

'A beth am ein gwaith *ni* i'r coleg? Mae o i fod yn barod erbyn diwedd yr wythnos neu mi fydd yr hen Farquhar yn gweiddi arna chdi eto.'

'Mi wna i o wedyn.' Ar hynny canodd y ffôn.

'Mae 'na ryw Heulwen i chdi,' meddai Gwendolyn gan drosglwyddo'r ffôn i Rhys fel tasa hi wedi codi lwmp o faw.

'Rhys, 'nei di ffonio fi'n ôl. Ar y mobail ydw i. 'Sgen i'm pres ar ôl.'

Tra oedd Rhys yn deialu rhif ffôn symudol Heulwen roedd Gwendolyn yn gadael y swyddfa. 'Beth am Sian?' oedd ei geiriau olaf wrth fynd drwy'r drws.

'Rhys, mae Elsi Port ar yn ôl i! Mae hi isio'r project i fewn erbyn diwedd yr wythnos neu . . . '

'Dwi jest â gorffan, Heulwen. Ddo' i â fo i chdi heno . . . '

'Rhys, ti'n grêt,' meddai gan roi cusan iddo lawr y ffôn. 'Fyddai'n ôl yn fy fflat erbyn tua wyth. Hw-wyl!'

Fel yr aeth Rhys ati i ailwaldio'r cyfrifiadur, daeth pelydr o haul cynnes gwanwyn i mewn drwy gil y ffenest.

'Heul-wen,' sibrydodd yn araf.

Roedd yr MR2 y tu allan i'r fflatiau yn Rhes Bedwyr, Bangor, erbyn wyth o'r gloch. Pwysodd Rhys ar fotwm rhif tri. Daeth Heulwen i'r drws. Rhoddodd gusan i Rhys ar ei foch a chydiodd yn ei law a'i arwain i fyny'r grisiau i'r fflat.

Agorodd y drws. Roedd Rhys yn falch o weld mai soffa a gwely'n un oedd yno. Eisteddodd y ddau ar erchwyn y soffa-gwely a rhoddodd Rhys yr amlen iddi. Eisteddodd yn ôl gan edrych o'i gwmpas ar y posteri ar y waliau tra oedd Heulwen yn darllen y campwaith.

'O, mae o'n grêt Rhys!' a rhoddodd ei breichiau amdano. Disgynnodd Rhys ar ei gefn yn ôl.

'Ti'n meddwl?'

'Ydw Rhys go iawn . . . dim ond un peth bach . . . ' meddai gan chwythu i'w glust.

'Ia?' meddai Rhys â chryndod yn ei lais.

'Dim ond . . . dwy fil o eiriau ydy o.'

'Ia . . . dyna fyddwn i'n sgwennu i'n cleients.'

Erbyn hyn, roedd Heulwen yn eistedd i fyny hefo'i chefn ar y wal. Roedd golwg drist arni.

'Ond mae Siwan Shit wedi sgwennu pedair mil!'

'O! Ond . . . ' Chafodd Rhys ddim gorffen ei frawddeg roedd gwefusau Heulwen yn dynn am ei rai o ac ni ddaeth yr un gair arall allan.

Funudau'n ddiweddarach, gofynnodd Heulwen, 'Oes 'na jans am bedair mil, Rhys?'

'Ym . . . ' Cusanodd o eto.

'Gei . . . gei di ugian mil Heulwen . . . ' meddai Rhys wedi iddi orffen.

'Na, 'neith pedair yn iawn, neu fydd gan Elsi Port ddim amsar i fynd i'r Sicstis-an-Sefntis naits yn yr Octagon,' meddai gan chwerthin.

Rhoddodd Rhys ei freichiau amdani a'i thynnu tuag ato . . . Ar hynny agorodd y drws a daeth haid o ferched i mewn.

'Heuls, ti'n dod i'r *Sbit an' Polish*. Maen nhw'n gwerthu stwff newydd – Parti Piwc neu rwbath – am hanner pris heno.'

'Rhys 'di hwn, mae o'n helpu fi hefo project Pi-Âr fi,' meddai gan godi Rhys o'r gwely.

'Tyrd, 'dan ni'n mynd i drïo'r Parti Piwc!' ac allan â'r criw i lawr i ganol Bangor.

O fewn dim, roedd Heulwen yn archebu saith Parti Piwc yn y *Sbit an' Polish*.

''Sa'n well gen i beint o bityr, i ddeud gwir,' meddai Rhys.

'Paid â bod yn hen ffash,' meddai Heulwen gan ymuno hefo'r gweddill i chwerthin fel pethau gwirion.

Doedd yna ddim gwydr ar gael – dim ond ei yfed o'r botel. Ac roedd blas fel reibina drwg arno. Ond roedd pawb arall yn ei fwynhau a'r chwerthin yn mynd yn uwch. Tro un arall o'r genod oedd cael y Pi-Pi i mewn rŵan ac yn wir, roedd Rhys yn dechrau teimlo effaith yr ail botel.

Erbyn hyn, roedd y genethod i gyd yn gweiddi ag unllais ar y barman, ''Dan ni isio Pi-Pi!'

Trodd Rhys at Heulwen. 'Os ga i un arall alla i ddim dreifio'n ôl i Gaernarfon. Be 'sa'n well i mi 'neud 'da?' gofynnodd â thinc o obaith yn ei lais.

Plygodd Heulwen tuag ato ac estynnodd ei gwefusau at ei

glust. Cynhyrfodd Rhys drwyddo.

Sibrydodd yn ei glust. ''Sa'n well i ti fynd 'nôl i orffen y project i mi? A chyfarfod nos fory.'

Rhoddodd winc ar Rhys.

'Ia, siŵr. 'Sa'n well i mi fynd rŵan.' Estynnodd i'w boced am bapur decpunt. 'Dyna chdi. Mwy o Bi-Pi i'r genod.' Ac allan â fo drwy'r drws.

Roedd blas y Pi-Pi'n dal ar geg Rhys. Ew 'sa peint yn dda rŵan, meddai wrtho'i hun. Parciodd yr MR2 o fewn cyrraedd i'r *Darian Fach*. Roedd Huw Cris wrth y bar pan gyrhaeddodd.

'Lle ti 'di bod Rhys? Ti'n smartiach nag arfar,' meddai gan amneidio ar Sam y barman i godi peint i Rhys.

'Ym Mangor. Oedd gen i joban yno.'

'Gweithio'n hwyr, felly,' meddai Huw Cris heb ei lwyr argyhoeddi bod Rhys yn dweud y gwir.

'Ia.'

'Mae golwg fel tasat ti 'di bod yn snwyro o gwmpas tamad o bwdin blew,' meddai Huw, wrth gymryd ei newid oddi wrth Sam y barman.

'Wel, i ddeud y gwir wrthach chdi, mi fues i'n gweld Heulwen.'

'Liw nos!' a chwarddodd Huw ar ei jôc ei hun.

'Mae hi'n stiwdant ym Mangor a dwi wedi bod yn rhoi chydig o help iddi . . . '

Torrodd Huw ar ei draws. 'Dyna wyt ti'n 'i alw fo ia!'

'Na, roedd gen hi broject a . . . '

Unwaith eto torrodd Huw ar ei draws. 'A sut a'th y . . . y project yma? Ges ti farcia go-lew?'

Anwybyddodd Rhys o. 'Es i allan am beint efo Heulwen a'i mêts a fues i'n yfad y piso dryw 'ma. Ti'n gwbod y petha 'ma ma'n nhw'n yfad allan o boteli. Ew, ma'r peint 'ma'n dda ar ôl y Pi-Pi.'

'Ti 'di mynd yn barchus iawn ers gyfarfyddis di Heulwen.

Piso a chachu oedd hi. Pi-Pi rŵan . . . a nymbyr tŵ nesa ia?'

'Na, na. Dyna oeddan ni'n yfad. Parti Piwc oedd 'i enw fo, ond bod y genod yn 'i alw fo'n Pi-Pi. A blas felly oedd arno hefyd.'

'A ti wedi gwirioni ar Heulwen felly?' gofynnodd Huw ac ewyn y cwrw'n dew ar ei fwstash.

'Wel . . . do. Mae hi'n beth bach ddel a mae . . . '

'A beth am Sian o'r Sowth? Roeddat ti wedi gwirioni ar honno rai wythnosa'n ôl er boch chdi'n cwyno bod 'na'm tsians am damad. Oes 'na well tsians efo hon?'

'Oes yn syrt. Mae hi â'i bacha arna i bob munud a rhyw swsian a phetha felly,' meddai Rhys â phenderfyniad yn ei lais. 'A beth bynnag, dwi'm 'di gweld Sian ers wythnosa.'

'Gobeithio wir bod gen ti jans,' meddai Huw wrth wagio'i wydr. 'Ti'm hyd yn oed wedi gweld lliw blwmar Sian.'

'Wel, naddo,' meddai Rhys yn anghyffyrddus a brysiodd i godi peint i Huw.

Canodd y ffôn. 'Miss Sylvester sydd yma. Ysgrifenyddes yr Athro Farquhar. Mae'r Athro'n gofyn os ydy adroddiad yr wythnos yn barod?'

'Yyy . . . Bron iawn. Mi fydd yn barod ddechrau'r wythnos nesa.'

Aeth y ffôn yn farw.

'Wyt ti byth wedi gorffen yr adroddiad yna?' gofynnodd Gwendolyn 'Be wyt ti wedi bod yn ei wneud? 'Ti di bod yn teipio yn fan'na drwy'r dydd.'

Cyn iddo gael cyfle i ateb, roedd hi'n edrych dros ysgwydd Rhys unwaith eto.

'Teipio stwff i'r stiwdant bach yna wyt ti! Be am y busnas yma? Be am ein gwaith ni? Be am Seiont Pi-Âr? Mi rwyt ti wedi gwirioni ar hogan sydd o leia ddeng mlynedd yn fengach na chdi . . . '

Ond cyn i Rhys allu ateb, canodd y ffôn unwaith eto.

'Miss Sylvester yma. Mae'r Athro Farquhar yn dweud gan nad ydi'r adroddiad yn barod ar amser mae o'n diddymu'r cytundeb efo'r coleg.'

Aeth y ffôn yn farw unwaith eto.

'Pwy oedd yna gofynnodd?' Gwendolyn.

'Rong nymbyr,' atebodd Rhys gan ailafael yn y teipio.

'Pryd wyt ti'n mynd â'r adroddiad i'r hen Farquhar?' gofynnodd Gwendolyn, yn amau nad oedd y gwaith yn mynd yn ei flaen fel y dylsai.

'Ym . . . o . . . wsnos nesa . . . '

Cliciodd ar ffenest y cyfrifiadur oedd yn dweud faint o eiriau oedd yn y ffeil.

'Tair mil dau gant chwedeg pump,' meddai dan ei wynt, ond erbyn hyn roedd Gwendolyn wedi gweld Dic Llwynog yn mynd heibio'r ffenest.

'Dwi'n mynd i weld Dic i edrach os oes gynno fo rhywfaint o waith i ni. 'Nei di *plîs* orffen yr adroddiad 'na i'r coleg neu mi fyddwn yn colli'r contract.'

'Iawn, Gwen.'

Canodd y ffôn unwaith eto. Roedd gan Rhys ofn drwy'i din mai'r hen Farquhar fyddai yno. Gadawodd iddo ganu am beth amser. Yna, fel pe bai'n rhy boeth iddo'i gyffwrdd, cododd y teclyn yn araf a'i ateb.

'Rhys, shwt wyt ti ers tro?' Sian oedd yno.

'O Sian, su mai? Sori bo fi heb ffonio chdi ond dwi 'di bod yn brysur iawn yn ddiweddar . . . '

'Paid â becso. Fi 'di bod yn fishi 'fyd. Y rheswm o'n i'n dy ffono di odd bo fi 'di cal gwahoddiad i barti heno gan un o ymddiriedolwyr Canolfan Celfyddyde'r Cei ac yn meddwl fyset ti'n hoffi dod 'da fi?'

'Ym, sori Sian,' atebodd Rhys gan geisio meddwl yn sydyn am reswm. 'Ym . . . ym . . . mae . . . y . . . mam Sonia drws nesa'n 'rosbitol . . . a dwi 'di gaddo mynd â hi i'w gweld hi.'

'O ma'n ddrwg 'da fi glywed. Be sy'n bod arni?' meddai

Sian â thosturi'n ei llais.

'Y . . . gwynt . . . neu rwbath.'

'O ware teg iti am helpu dy gymdogion. 'Na biti fod ti ddim ar gael ond mi fydd raid i mi fynd wrth gwrs.'

'Ia, iawn Sian. Enjoia dy hun.'

Fel y rhoddai'r ffôn i lawr, gobeithiai ei fod yn mynd i gael gwell lwc efo Heulwen. Doedd o'n mynd i fawr unlle hefo Sian. Wel, na, doedd hynny ddim yn hollol wir. Roedd yn mynd i ryw gyfarfodydd cerddorol a chelfyddol a diwylliannol a . . . ond unlle'n agos i lle'r oedd o eisiau mynd.

Roedd ganddo tan saith o'r gloch i sgwennu bron i wythgant o eiriau. Roedd wedi malu cachu cymaint ag y gallai a doedd yna fawr o ddim ar ôl i'w ddweud. Yn wir, roedd wedi gweithio'n galetach ar broject Heulwen nag y gwnaeth o ar un o'i draethodau ei hun pan oedd yn y coleg.

Erbyn chwech, roedd bum gair dros y pedair mil. Argraffodd y project a'i rhwymo ar beiriant gludo'r swyddfa, yna rhoi clawr sgleiniog arno ac roedd o'r peth taclusaf gynhyrchodd o erioed.

Roedd ganddo ddigon o amser i gael cawod sydyn, a gwisgo'r jîns a'r crys brynodd o mewn siop na dywyllodd o erioed o'r blaen. 'Y feri lêtest' fel dywedodd y dyn.

'Smart iawn Rhys,' meddai Sonia oedd yn sefyll yn y drws pan oedd Rhys yn neidio i'r MR2 â'r amlen yn ei law.

'Mynd efo'r hogan 'na o'r sowth?' ychwanegodd.

'Na!'

Ond collodd Rhys yr ail gwestiwn yn sŵn rhuo'r MR2 yn anelu am Fangor Uchaf.

Safai yn nrws y tŷ yn Rhes Bedwyr yn ei ddillad newydd efo'r amlen yn ei law. Edrychai i fyny at ffenest stafell Heulwen a theimlai fel torri allan i ganu rhywbeth Eidaleg.

Agorodd Heulwen y drws. Wow! roedd hi'n smart ac aceri o'i chroen i'w weld gan mor brin oedd ei dillad. Cydiodd Heulwen yn yr amlen ag un law ac estyn pen Rhys tuag ati hefo'r llall i roi cusan iddo.

'Diolch Rhys. Rydan ni'n mynd i barti heno. Mae Lleucu sy'n byw hefo ni yma wedi cael gwahoddiad i dŷ ei darlithydd – a dan ni i gyd yn mynd efo hi. Mi fydd yno ddigon o fwyd a digon o lŷs.'

Cydiodd yn ei law a'i arwain i lolfa'r fflat. Roedden nhw i gyd yn eu dillad gorau, yn baent ac yn bowdwr drostynt ac i gyd yn gwenu'n ddel ar Rhys.

'Tisio Pi-Pi Rhys?' gofynnodd un iddo.

'Na, dwi newydd 'neud wrth gael showyr,' atebodd cyn sylweddoli mai cyfeirio at y Parti Piwc oedd y genethod.

Roedd yno bentwr o'r ddiod lliw chwd yng nghornel y lolfa.

'Mi brynon ni hwn yn rhad yn y *Sbit an' Polish.* Doedd neb arall yn 'i licio fo medda'r barman,' eglurodd un oedd yn amlwg wedi bod ar y Pi-Pi ers rhai oriau.

Daeth Heulwen allan o'i hystafell. 'Mae'r project yna'n grêt, Rhys,' meddai a thaflodd ei breichiau amdano.

Erbyn hyn, roedd y merched eraill i gyd o'i gwmpas a'u dwylo ar hyd ei gorff. 'Nei di sgwennu project fi Rhys?' 'Ma' traethawd fi'n hwyr hefyd!' meddent i gyd ar draws ei gilydd.

'Esu, stopiwch genod bach. Rydach chi'n gyrru dyn yn gocwyllt!' meddai â'i law'n gwarchod ei falog.

Cydiodd Heulwen yn un llaw a phenfelen yn y llall a'i dywys allan drwy'r drws.

Ar y ffordd i'r parti, roedd rhaid aros ymhob tafarn ac yfed pob math o sothach. Yn ffodus, doedd yna ddim Parti Piwc yn unman ond mi roedd yna bethau hefo'r enwau rhyfeddaf.

Wrth gerdded tuag at dai mawrion pobol y coleg, roedd coesau pawb yn dechrau simsanu. Ond o'r diwedd dyma gyrraedd dŷ mawr gwyn ar ben ei hun. Tir na n-Óg.

Pwysodd Lleucu ar y gloch. Agorodd y drws a'r gloch yn dal i ganu. 'Mr Llwyd, ŷf fi wedi dod â ffrindie 'da fi.'

'Dewch i mewn enethod a . . . ' ond erbyn hyn roedd pawb wedi gwthio heibio iddo ac wedi mynd yn syth am y bwrdd oedd yn gwegian dan boteli gwin a gwirodydd.

Roedd caneuon Abba'n diasbedain dros y tŷ a chriw'n ceisio dawnsio fel yr arferent wneud ugain mlynedd yn ôl.

Esu ma'r genod 'ma'n yfad, meddai Rhys wrtho'i hun pan wthiodd Heulwen botel o win coch tuag ato a llenwi'i wydr i'r ymylon.

Distawodd Abba a daeth Tecwyn Ifan i lenwi'r tŷ. Yn ystod un o'i ganeuon distaw, cydiodd Lleucu yn llaw Rhys a'i lusgo i ganol y dawnswyr. Roedd y llaw oedd ganddi'n dal y botel win o gwmpas ei wddf a gwydraid o win yn y llall. Diferai'r gwin yn raddol bach i lawr ei grys newydd. Ond beth oedd ots? Roedd Lleucu'n gafael yn dynn amdano.

Pan orffennodd y gân, doedd dim golwg o Heulwen.

'Lle mae Heulwen?' gofynnodd. Pwyntiodd un o'i chyfeillion i du ôl y soffa. Yno ar ei phedwar roedd Heulwen yn chwydu stwff amryliw ar y carped blewog golau.

'Ti'n iawn Heulwen?' gofynnodd yn bryderus.

'Ydw, ydw,' atebodd gan sychu ei cheg ar y llenni ac yna llusgo Rhys i ddawnsio.

Wedi tair o ganeuon Dafydd Iwan roedd pawb yn barod i eistedd. Arweiniodd Lleucu nhw i un o'r ystafelloedd eraill ac yno roedd soffa fawr gyffyrddus a bwrdd arall o ddiod.

'Hwre! Soffa, lysh a dim miwsig shit!' gwaeddodd Heulwen.

Doedd ond lle i'r merched ar y soffa. Roedd Rhys ar fin eistedd ar y llawr pan ddywedodd Heulwen wrtho am eistedd ar ei glin.

O fewn dim roedd Rhys yn gorwedd ar draws y merched. 'Rhys, ti 'di colli gwin ar dy grys,' meddai un oedd yn gweld ychydig yn well na'r gweddill.

'Wnawn ni dynnu o i ffwrdd i sbynjo fo,' meddai un arall.

'Na, na. Mae'n iawn genod. 'Wna i brynu un arall ddydd Llun.'

Ond roedd yn rhy hwyr. Roedd Heulwen wedi rhwygo'r crys

oddi arno ac roedd y botymau'n hedfan i bob cyfeiriad.

'Oes 'na win ar 'i drwser e 'fyd?' gofynnodd Lleucu mewn gobaith.

'Oes lot,' meddai un arall â'i llaw ar sip ei falog.

'Esu genod bach. Ara deg . . . '

Ar hynny clywodd leisiau'n dod i mewn i'r ystafell.

' . . . a fi'n credu na chewch chi ddim gwell buddsoddiad na rhai o lunie Iji Ffani.'

'Sian fach, dwi'n cytuno bob gair â chi . . . dyw, be sy'n mynd ymlaen yn fan'ma? Celfyddyd fyw! Ha ha!'

Cododd Rhys ar ei eistedd pan glywodd y lleisiau,

'Rhys!' Sian oedd yno.

Ceisiodd Rhys gau ei grys di-fotwm. 'Yy . . . '

'O'n i'n credu dy fod ti wedi mynd i weld hen wraig mewn ysbyty a dyma ti'n hanner noeth 'da merched hanner dy oed ti . . . O, Antoni bach, dewch oddi yma wir!' Ac allan â'r ddau.

'Shit!' meddai Rhys.

'Oeddat ti'n nabod honna?' gofynnodd Heulwen.

'Rhyw fath.' Ond chafodd o fawr o amser i egluro pwy oedd hi gan fod yna wydraid arall o win yn ei law.

10. Mewn dyfroedd dyfnion

Un bore, daeth amlen o ansawdd da ac o liw hufen drwy dwll llythyrau Seiont Pi-Âr. Roedd arni hefyd dair pluen.

Agorodd Rhys hi. Llythyr oedd ynddi oddi wrth y Roial Welsh Iot Clyb – yn Saesneg wrth gwrs. Llythyr yn gwahodd y ddau i gyfarfod o'r clwb ar y *Sandringham* yn Noc Fictoria i drafod regata go arbennig. Pan welodd Gwendolyn y gwahoddiad, roedd wedi gwirioni. Ychydig iawn o bobol gâi wahoddiad i'r Iot Clyb. Roedd o ris neu ddwy'n uwch na'r sêling clyb ac roedd yn rhaid bod yn berchennog ar gwch hwyliau i gael ymuno – neu o leiaf adnabod rhywun oedd gydag un.

'Rhaid i ni fynd wrth gwrs,' meddai gan bwyntio at y cyfrifiadur. 'Sgwenna'n ôl yn syth i ddeud ein bod yn derbyn y gwahoddiad ac y byddwn yn Noc Fictoria am saith.'

Dechreuodd Rhys deipio . . . Annwyl Capten M . . .

Torrodd Gwendolyn ar ei draws. 'Yn Saesneg! Dydyn nhw'n dallt fawr o Gymraeg yn yr Iot Clyb, neu o leiaf dydyn nhw ddim yn cyfaddef 'u bod nhw.'

Cyfansoddodd Gwendolyn y llythyr a theipiai Rhys y geiriau Saesneg gorau gallai.

Roedd Gwendolyn wedi mynd adref yn gynnar o'r swyddfa noson cyfarfod yr Iot Clyb. 'Cofia ddod â chardiau busnes efo chdi a phapur a phensel,' oedd ei geiriau olaf. Cyn hynny, roedd wedi siarsio Rhys i roi ei ddillad gorau.

Ond wrth gwrs, roedd o wedi anghofio'r papur a phensel a bu rhaid iddo alw'n ôl yn y swyddfa cyn ei throi am y cyfarfod.

Cerddai'n ei siwt i lawr Twll yn y Mur ac er mwyn cael rhyw naws forwrol, roedd wedi clymu tei Popeye o amgylch ei wddw.

Wrth gerdded heibio'r *Darian Fach* daeth llais drwy'r ffenest agored. 'Lle uffar ti'n mynd yn dy siwt?'

Huw Cris oedd yno a bu raid iddo fynd i mewn i egluro. Gwrthododd wydraid o rym Capten Morgan ond mi gymerodd beint o chwerw.

'Mae gen i a Gwendolyn gyfarfod efo'r Iot Clyb ar ryw gwch yn Noc Fictoria,' eglurodd.

Chwarddodd Huw Cris. 'Dim ar y *Sandringham*?'

'Dyna fo ia. Hefo rhyw Capten Milburn Rees.'

Chwarddodd Huw Cris fwy fyth. 'Watsha dy din boi. Mae o'n beryg bywyd.'

'Be, 'di bod ar môr yn rhy hir mae o?' awgrymodd Rhys.

Chwarddodd Huw Cris unwaith eto. 'Môr! Yr unig hwylio mae o wedi 'neud ydi rhyw 'chydig o gwmpas Bae Cnarfon. Fuodd o 'rioed yn y Nefi. Gath o hyd yn oed ei daflu o'r Sî Cadets – am fod gynno fo ofn dŵr! Na, rhyw fabi mam oedd o. A phan fu farw honno, mi gafodd o'i phres hi i gyd. Roedd hi'n lôded. Ac mi brynodd o iot – a newid 'i henw hi i'r *Sandringham*. Ac mi gafodd o joinio'r Iot Clyb. Fo a Cadi Ffran.'

'Pwy 'di Cadi Ffran?' gofynnodd Rhys yn bryderus.

'Cadwaladr Ffransis. 'I gariad o. Dyn o ryw fath efo crys pinc, handbag ac îring yn 'i glust.'

'O! Ydy o hefyd yn . . . yn . . . ?'

'Ydy . . . ond bod Milburn yn licio merchaid hefyd a Cadi Ffran ddim. Dim ond Milburn mae Cadi Ffran yn 'i licio . . . a fo'i hun yn de. Mi fyddi di'n saff efo hwnnw.'

Doedd Rhys ddim yn siŵr iawn os oedd o isio mynd ar y cwch hwyliau erbyn hyn. Roedd hynny'n amlwg ar ei wyneb.

'Duw, gei di hwyl,' meddai Huw Cris o weld ei anesmwythyd. 'Mae 'na ddigon o lŷs yno. Does na'm cwrw –

dim ond jin a martini a phetha felly.'

'Sut ti'n gwybod y petha 'ma?' gofynnodd Rhys iddo.

Am unwaith, collodd Huw Cris ei hyder. 'Ymmm . . . o . . . es i yna . . . unwaith. Ond . . . dim ond lysh ges i . . . a chafodd Milburn uffar o ddim . . . go iawn . . . '

Edrychodd Rhys ar ei watsh. Roedd yn hwyr. Rhoddodd glec i'r peint a brysio tuag at Ddoc Fictoria.

Ar y gornel cyn troi am y Doc, roedd Gwendolyn. Roedd hi'n gwisgo siwt wen a glas tywyll, efo lot o streips aur a botymau gloyw arni. Doedd Rhys ddim yn siŵr sut i'w chyfarch. Dweud helo ynteu'i salwtio.

'Lle ti 'di bod? Ti'n hwyr!' oedd y geiriau cyntaf. A 'Ddois di â'r cardia a'r petha?' ddilynodd. Ond cyn i Rhys allu ateb, clywsant lais yn gweiddi 'Iw-hŵ!'

Yn sefyll ger y Doc o flaen cwch hwyliau, roedd dyn main efo gwallt gwyn hir wedi ei bentyrru'n uchel ar ei ben. Roedd yn gwisgo crys pinc, trwsus byr gwyn a sandals. Ac roedd ganddo fodrwy yn ei glust.

'Cadi Ffran,' meddai Rhys wrth Gwendolyn gan bwyntio i gyfeiriad y cwch.

'Paid â'i alw fo'n hynny. 'Sgynno fo ddim help.'

'Na, dyna 'di enw fo. Cadwaladr Ffransis. Y . . . ffrind Capten Rees ydy o.'

Roedd Cadi Ffran yn brysio at y ddau, yn ysgwyd ei din fel hwyaden. Roedd un law'n dal gwydraid o binc jin a'r llall yn cael ei dal allan i gyfarch Rhys a Gwendolyn. Cerddodd y ddau i'w gyfeiriad.

'Plîsd tw mît iw,' meddai Cadi Ffran, cyn plannu cusan ar foch Gwendolyn. Neidiodd Rhys y tu cefn iddi rhag ofn iddo gael yr un driniaeth. Yna estynnodd ei law yn ara deg i Cadi Ffran gael ei hysgwyd.

'Cym with mî, dewch ffor hyn, gyfeillion,' gorchmynnodd yn ddwyieithog gan arwain y ddau tuag at gwch hwylio.

Yno'n sefyll yn urddasol ar y dec roedd y Capten Milburn

Rees. Gŵr byr efo mwstash handls beic a barf coch taclus. Roedd ganddo gap pig llongwr ar ei ben, crys gwyn a chrafat a blêsyr las efo botymau gloywon arni. Yn wir, roedd Gwendolyn ac yntau'n edrych yn debyg iawn i'w gilydd o ran gwisg.

Arhosodd Cadi Ffran ger y gangwe ac aeth i'w boced a thynnu pîb allan. Chwythodd hi a galwodd y Capten ar i'r ddau gerdded ar hyd y bont fechan i'r llong hwyliau. Tra oedd y Capten yn cusanu llaw Gwendolyn ac yn ei llongyfarch ar ei gwisg, roedd Rhys yn edrych y tu ôl iddo rhag ofn bod Cadi Ffran yn agos.

Arweiniwyd y ddau i lawr i grombil y cwch hwylio. Yno mewn caban pren moethus efo lluniau morwrol ar hyd un ochr a silffoedd o ddiodydd ar y llall, eisteddodd y pedwar i drafod trefnu regata'r mileniwm. Llanwyd gwydrau'r ddau gan Cadi Ffran a dechreuodd y Capten egluro beth oedd ganddo dan sylw.

'Mi rydw i â'm llygaid ar presidensi'r Iot Clyb necst îyr Miss Prydderch, ac roeddwn i'n teimlo y bysa hi'n feri gwd thing pe bawn i'n mynd ati i drefnu selibreshion bach – wel, mawr i ddweud y gwir – e joli gwd regata hefo pîpl ffrom ôl ofyr ddy plês yn dod i Gaernarfon. Rwy'n gweld 'mod i wedi dewis y rait person efo chi Miss Prydderch, wudd ddat iwnifform. Felly dwi am i chi arenjio'r pyblisiti i mi. Ac os bydd hyn yn sycsesffwl – yna, myni ffor iw a presidensi Iot Clyb i mi.'

'Da iawn, feri gwd,' curodd Cadi Ffran ei ddwylo fel creadur gwallgo, gan golli ei binc jin ar y llawr.

'W, sori, feri sori Capten,' ac estynnodd ei hances boced â ffrils arni i sychu'r gwlybaniaeth oedd ar y llawr.

'Rait dden, anyddyr rownd of drinci-pws Cadi,' meddai'r Capten gan godi ar ei draed i gynnig llwncdestun.

'Tw ddy regata,' a thaflodd bawb y pinc jins i lawr y lôn goch.

'Reit, mae'n rhaid i ni fynd ar hyd y côrs – tw marc ddy

tsharts, yn does. Felly necst Satyrdê, dwi isio chi ddod efo fi in ddy *Sandringham,*' meddai'r Capten.

'Ym, mae'n ddrwg iawn gen i Capten . . . ' Roedd Gwendolyn wedi cofio ei bod yn mynd i ffwrdd am benwythnos go wyllt efo'i ffrindiau. 'Mae gen i busnes mîting . . . wedi ei drefnu ers misoedd . . . mae'n ddrwg iawn gen i. Mi ddaw Rhys efo chi.'

'Da iawn, feri gwd, Rhîs. Nain o cloc siarp,' meddai'r Capten gan rwbio'i ddwylo.

Cododd y ddau i adael. Cafodd Gwendolyn ei chusanu ar ei boch gan y ddau tra bu'r Capten yn gafael yn dynn yn ei llaw. Rhedodd Rhys dros y gangwe.

'Does dim eisiau sŵt ddydd Sadwrn, Rhîs . . . dewch mewn shorts bychan . . . ' a chwarddodd y Capten a Cadi Ffran fel dwy hogan ddrwg.

Doedd Rhys ddim yn edrych ymlaen at ddydd Sadwrn. Roedd wedi ceisio cael hyd i unrhyw esgus i beidio gorfod mynd ar y *Sandringham,* ond roedd Gwendolyn wedi pwysleisio pa mor bwysig oedd cael gwaith y regata. Roedd yna arian mawr yn y fantol – ynghyd â'r cwdos o allu dweud eu bod wedi trefnu regata i'r Roial Welsh Iot Clyb.

Daeth bore Sadwrn yn llawer rhy gyflym. Doedd yna'r un ffordd yr oedd Rhys yn mynd i wisgo trwsus bach i fynd ar gwch efo'r Capten a Cadi Ffran. Rhoddodd jîns amdano – un dim rhy dynn rhag ofn y byddai'r ddau'n edrych ar ei gwd. A rhoddodd grys-T Clwb Rygbi Caernarfon – mi ddylai hwnnw ddangos iddyn nhw ei fod yn gallu edrych ar ôl ei hun.

Roedd y ddau'n disgwyl amdano ar y Doc. Edrychodd Rhys o'i gwmpas rhag ofn bod rhywun oedd yn ei adnabod yn ei weld, ac yna aeth ar y gwch efo'r ddau. Roedd y Capten yn ei wisg forwrol arferol ond roedd Cadi Ffran mewn crys streipiog a'r shorts lleiaf welsoch chi 'rioed, efo'i goesau main fel dwy frwynen a'i draed mewn sandals a'i ewinedd wedi'u paentio'n goch.

Er mai ond naw o'r gloch oedd hi, roedd gan y ddau wydrau o pinc jin yn eu dwylo. Camodd Rhys i fyny'r gangwe – ar ôl y ddau.

Roedd gan y Capten griw hefo fo'r tro hwn. Dau o hogia mawr cyhyrog, yn datŵs i gyd. Roedd un â'i ddwylo ar lyw y llong a'r llall yn dal trê arian ac arno wydrau o pinc jin. Cymerodd Rhys un.

'Mmm, rygbi boi,' meddai Cadi Ffran tra edrychai ar grys-T Rhys.

'Ia,' meddai Rhys gan geisio sgwario'i ysgwyddau i'w gwneud yn ddwywaith eu lled. Roedd y crys-T wedi cael yr effaith anghywir.

'Lets lîf port,' meddai'r Capten a thaniodd un o'r criw y peiriant. Pyt-pytiodd y cwch hwylio allan o'r Doc.

Cafodd Rhys ei arwain i lawr i'r caban. Yno ar fwrdd mawr mahogani roedd siartiau o fae Caernarfon a glannau Ynys Môn – a mwy o pinc jins.

Plygodd y tri dros y siartiau – â Rhys yn y canol. Roedd y Capten yn mynnu plygu ar draws y bwrdd er mwyn dangos Ynys Seiriol i Rhys, a chael rhwbio'n ei erbyn yr un pryd tra bo Cadi Ffran yn chwerthin fel peth gwirion bob hyn a hyn. Roedd y Capten am i Rhys blygu'n bellach fel y gallai roi ei fys ar Ynys Cybi, ond gwrthod wnaeth o gan ddweud bod arno angen awyr iach.

Cerddodd i fyny i'r dec. Roedd y ddau longwr cyhyrog yn edrych tuag at y gorwel heb yngan gair.

Daeth y Capten i fyny. 'Lets get ddy sêls owt.' Neidiodd y ddau cyhyrog gan dynnu ar nifer o raffau. Stopiodd sŵn yr injan a chafwyd yn ei le sŵn gwynt mewn hwyliau.

'Watsh owt,' meddai un o'r llongwyr. Plygodd Rhys ei ben heb yn iawn wybod o ba gyfeiriad yr oedd y peryg. Ar yr un pryd, roedd Cadi Ffran ar ei ffordd ar draws y dec gyda thrê o binc jins. Chlywodd o mo'r cyfarwyddyd. Tarodd un o'r polion oedd yn dal yr hwyliau o yng ngwaelod ei gefn.

Taflwyd y pinc jins i'r awyr a chafodd Cadi Ffan ei wthio ar draws y dec yn syth i freichiau Rhys. Glaniodd y ddau mewn pentwr o raffau. Rhys ar y gwaelod a Cadi Ffran ar ei gefn – yn drewi o binc jins a sent.

'Wwww . . . ' meddai Cadi Ffran. 'Neis iawn!'

'Blydi hel . . . ' meddai Rhys. 'Cerwch o'ma!' Ond doedd Cadi Ffran ddim yn awyddus i symud. Gwthiodd Rhys o oddi arno, ond erbyn hyn roedd y Capten yn ceisio rhoi help llaw i Rhys tra oedd Cadi Ffran yn chwerthin fel rhywbeth gwirion ar ei gefn ar y dec.

Roedd y Capten yn mynnu rhoi help i Rhys godi. Roedd un o'i freichiau am ei ganol a'r law arall yn agos iawn i'w gwd.

Neidiodd Rhys ar ei draed, ond roedd y Capten wedi cael blas ar afael ynddo. Symudodd yn nes ato. Symudodd Rhys gam yn ôl. Erbyn hyn oedd Cadi Ffran yn ôl ar ei draed ac yn sefyll y tu ôl i Rhys efo'i freichiau ar led. Camodd Rhys yn ôl – ac yn syth i frechiau Cadi Ffran.

'Aif got him! Aif got him!' gwaeddodd hwnnw.

'Gollwng fi'r basdad,' gwaeddodd Rhys gan edrych ar y ddau longwr cyhyrog am help. Ond roedd y ddau â'u llygaid ar y gorwel ac yn cymryd dim sylw o beth oedd yn mynd ymlaen ar y dec.

Cododd Rhys ei droed dde a'i phlannu ym môls Cadi Ffran – neu yn beth bynnag oedd ganddo rhwng ei goesau. Gwaeddodd hwnnw gan neidio rownd y dec â'i ddwy law'n mwytho'i gwd. Erbyn hyn roedd Rhys yn rhydd a symudodd o ffordd y ddau. Ond o fewn dim, roedden nhw ar ei ôl.

'Get him! Get him!' gwaeddai'r Capten, a Cadi Ffran fel peth gwirion yn dawnsio ac yn chwerthin o gwmpas y dec.

Yng nghornel ei lygaid gwelai Rhys gwch yn nesáu. Esu Wil Sliwan!

'Wil! Wil! Help! Help!' gwaeddai Rhys tra rhedai o gwmpas y dec i geisio cadw allan o afael y Capten a Cadi Ffran.

Chwifiai Wil Sliwan ei fraich yn ôl. 'Bora braf hogia. Bora braf i hwylio.'

Doedd Wil yn amlwg heb sylwi'r peryg yr oedd Rhys ynddo. Roedd angen gwneud rhywbeth drastig i gael mynd o afael y ddau gwallgo. Camodd Rhys i ochr y cwch. Edrychodd yn ei ôl. Roedd y Capten a Cadi Ffran o fewn dim i gael gafael ynddo.

Gwasgodd Rhys ei drwyn, a neidiodd i'r dŵr.

Nofiodd am gwch Wil Sliwan efo'r Capten a Cadi Ffran yn gweiddi, 'Hîl drown! Hîl drown!'

Erbyn hyn, roedd Wil wedi sylwi bod rhywbeth mawr o'i le, ac wedi stopio'i gwch. Efo polyn â bachyn ar ei flaen, haliodd Rhys i mewn iddi.

Bob yn ail â phoeri dŵr y môr o'i geg, gwaeddai Rhys, 'Roeddan nhw ar f'ôl i. Am 'y 'nhin i a 'nghwd i!'

Chwarddodd Wil. 'Be uffar ti'n ddisgwyl wrth fynd ar y môr efo Milburn Rees a Cadi Ffran . . . ?'

Wythnos yn ddiweddarach, roedd Rhys a Gwendolyn yn y swyddfa pan glywsant sŵn chwerthin afreolus ar waelod y grisiau.

Roedd Rhys wedi clywed y chwerthin yna o'r blaen . . . 'Blydi hel! Cadi Ffran!'

Neidiodd a rhoi ei gefn ar y wal pan welodd y Capten a Cadi Ffran yn dod drwy'r drws.

'Gwd morning tw both of iw,' meddai'r Capten gan gyffwrdd pig ei gap llongwr.

Gwelodd Rhys wedi rhewi â'i gefn ar y wal. 'A Rhîs! Sori am y . . . y . . . musyndyrstanding last wîc. Hwyl bach yn te . . . e bit of ffyn . . . ' Chwarddodd Cadi Ffran unwaith eto.

'Dod yma i gongratiwletio chi'ch dau ydw i,' meddai'r Capten. 'Mae'r rispons wedi bod yn egselent. Ffiffti sics of ddy best iots yn dod i Gaernarfon. Rydach chi wedi gwneud feri gwd job. Da iawn!'

'A dyna pam dwi yma,' ychwanegodd. 'Dwi'n cael swarê bychan ar y *Sandringham* Thyrsde nait. Onli ffor ê ffiw ffrends,

153

ynte. Chi a rhai o busnes pîpl eraill Caernarfon.'

Edrychodd y Capten ar Rhys. Roedd yn dal â golwg ofnus arno.

'Dont wyri Rhîs. Dewch chi â gyrlffrend efo chi – and iw Gwendolyn, ail lwc afftyr iw.'

'Ymm . . . 'sa'n well gen i ddod â . . . â ffrind efo fi, hefyd, Capten Rees,' atebodd Gwendolyn yn reit sydyn.

'Dyna ni ta. Pawb â'i best ffrends – ar y *Sandringham* – sefn o cloc siarp. Drincs i bawb. Twdl-ŵ!'

Trodd ar ei sawdl efo Cadi Ffran i'w ganlyn a hwnnw'n chwerthin fel peth gwirion wrth fynd i lawr y grisiau.

'Dwi ddim yn mynd,' oedd geiriau cyntaf Rhys.

'Wyt siŵr iawn,' atebodd Gwendolyn. 'Mi fydd pobol busnes Caernarfon yna, ac mi gawn ni'n canmol i'r cymylau. Gei di ddod â Sian efo chdi ac mi ddo' i â . . . '

'Derec?' awgrymodd Rhys.

'Na, ma hwnnw'n rhy boring. Fysa gen i ofn i Cadi Ffran fynd i'r afael â fo. Ys gwn i pwy fysa'n licio dod i gael diod ar y *Sandringham*? Hefo pwy fyddi di'n cymysgu?'

'Huw Cris a . . . '

'Huw Cris . . . Ia, dyna syniad da. Mae Huw Cris wedi bod ar y môr yn tydi, ac mi gadwith o facha'r Captan yn ddigon pell oddi wrtha i. 'Nei di drefnu petha ta?'

Roedd Rhys ar y ffôn efo Sian y funud honno. Roedd hi, wrth gwrs, wedi gwirioni cael gwahoddiad i barti bychan ar fwrdd llong hwylio, ac roedd hyn yn gwneud i fyny am y bennod efo merched y coleg. Hyn a'r ffaith bod Rhys wedi addo mynd â hi i weld ffilm Ffrengig ym Mangor rhyw noson.

'Mi fyswn i wrth fy modd, Rhys. Be ddylwn i wisgo? Oes yna thîm morwrol? Ddylwn i ddod fel . . . môr-forwyn?'

'Na, 'mond dillad lysh Sian.'

'Rhys! Fi'n gobeitho bod ti ddim yn mynd i wneud llanast fel ti'n arfer gneud.'

'Na, na. Go iawn, Sian. Parti busnas ydi hwn. Dim sesh.'

Ac wedi bodloni Sian y byddai ar ei orau ar fwrdd y

Sandringham, aeth i'r *Darian Fach* i chwilio am Huw Cris.

'Su' mai Rhys?' gofynnodd gan estyn am ail beint y dydd. 'Distaw ydy 'ta sychad 'sgin ti?'

'Na, gwahoddiad 'sgen i,' atebodd. 'Ti'n ffansi mynd i barti?'

'Parti! Wrth gwrs. Yn lle?' gofynnodd Huw'n llawn brwdfrydedd.

'Ar gwch Capten Rees.'

'Efo'r ddau bwfftar 'na?'

'Ym, ia. Mae Sian a fi'n mynd ac roedd Gwendolyn isio rhywun . . . yn gofyn fysa ti'n licio dod efo ni. Mae 'na ddigon o lysh yno fel arfar. Gawn ni uffar o sesh,' meddai gan anghofio'n syth am ei addewid i Sian.

Rhwbiodd Huw Cris ei farf. 'Ia, pam lai. Os neith yr un o'r ddau ddim i mi, neu mi stida i nhw. Rho ditha gopi o Feibil Pitar Wilias i lawr tin dy drwsus. Mi fyddi di'n saff wedyn . . .'

Roedd pawb yn cyfarfod yn swyddfa Seiont Pi-Âr. Cyrhaeddodd Sian wedi'i gwisgo fel rhywun allan o'r Arabian Naits.

'Ti'n credu mod i'n edrych yn egsotig Rhys?' gofynnodd.

Torrodd Huw Cris ar ei draws, 'Wyt, erotig iawn!'

Gwgodd Sian arno. 'Egsotig!'

Doedd Gwendolyn ddim wedi trafferthu hefo gwisg forwrol y tro yma. Roedd Rhys yn ei siwt fusnes ac roedd gan Huw Cris jîns a jympyr lân amdano. Aeth pawb yn yr Audi i lawr am y Cei. Yno roedd y ddau gyhyrog yn barod i'w harwain i gwch fechan. Roedd y *Sandringham* wedi'i hangori yn y bae.

Edrychodd Huw Cris ar yr awyr tra oedden nhw'n cael eu rhwyfo tuag at y cwch hwylio.

'Mae hi am storm heno, hogia.'

'Ydy, uffar o sesh,' meddai Rhys cyn cael cic yn ei ffêr gan Sian.

'Rhys! Ti wedi addo i mi nad wyt ti'n mynd i feddwi a wdi dros bob man!'

'Do, go iawn, Sian. Jocio o'ni.'

'Na, tydi hi ddim yn edrych yn rhy dda yn yr awyr yna,' meddai Huw gan rwbio'i farf.

Erbyn hyn, roedden nhw wedi cyrraedd y *Sandringham*. Roedd y Capten yno i'w croesawu a Cadi Ffran, gwydr yn un law a phîb yn y llall, yn eu pibo ar ei bwrdd.

Huw Cris aeth gyntaf gan ei fod wedi arfer ar y môr. 'Milburn Rees, su mai cwd?' gofynnodd.

Doedd y Capten ddim wedi cael ei gyfarch yn y fath fodd ers blynyddoedd ac edrychodd ar Huw Cris o'i gorun i'w sawdl.

'Huw . . . Huw . . . ? Roeddech chi yn Ffaif Bî pan o'n i'n Ffaif Ê yn doeddech?'

Cydiodd Huw yn llaw'r Capten a'i gwasgu nes plygodd pengliniau Milburn Rees. Symudodd y ddau gyhyrog yn nes atynt ond gollyngodd Huw y llaw mewn pryd.

Yna, daeth Cadi Ffran atynt yn cario trê o binc jins. 'Drinci-pws, ledis and jentlmen.'

Cydiodd Huw un yn bob llaw ac erbyn i Gwendolyn a Sian godi'u gwydrau nhw, roedd Huw wedi bachu dau arall.

''Sgin ti ddim lagyr yma, Milburn?' gofynnodd Huw.

'Onli jin and martini and fermwth and . . . ' ceisiodd Cadi Ffran ei helpu.

'Cau dy geg y bansan ac estyn botal o jin i mi,' harthiodd Huw arno.

Roedd Gwendolyn a Sian yn gwgu ar Huw tra oedd Rhys yn cael modd i fyw.

'Huw, cofiwch mai cyfarfod busnes ydy hwn,' rhybuddiodd Gwendolyn dan ei gwynt.

'Ym . . . ie,' meddai'r Capten. 'Ynffortshiwnetli doedd neb arall yn afêlabl twnait. Ond be 'di'r ots, mae pawb important yma'n tydi.'

Eisteddodd Huw yng nghornel y dec yn edrych ar yr awyr efo'r botel jin yn ei law. Roedd y Capten a Gwendolyn yn cael têt-a-têt a pinc jins mewn cornel arall, tra roedd Rhys a Sian yn edrych allan dros y Fenai.

'O mae hi'n hyfryd yn fan hyn, Rhys,' meddai gan wasgu ei law. 'Diolch am roi gwahoddiad i mi ddod 'da ti.'

Symudodd Rhys yn nes ati nes roedd eu cyrff yn cyffwrdd.

'Drinci-pws,' meddai llais gwichlyd Cadi Ffan y tu ôl iddynt. Neidiodd Rhys.

'Y basd . . . '

'Dim diolch rŵan, Mr Ffransis,' meddai Sian ar ei draws. 'Gwell peidio ifed gormod, mae'r gwynt yn codi rhywfaint a dyw'n stwmog i ddim yn rhy dda.'

Cymerodd Rhys wydraid ac yna rhoddodd ei fraich am Sian a gofyn os oedd hi'n iawn.

'Fi'n iawn ar hyn o bryd Rhys, ond dyw'n stwmog i ddim yn rhy dda gan bod y cwch 'ma'n ysgwyd,' atebodd.

Cyn i Rhys allu'i chysuro ymhellach, daeth sŵn canu o gornel y dec.

' . . . dder is a blac wyman in ddy port of Shalame . . . '

Roedd hen ganeuon y môr wedi dod yn ôl i Huw Cris. Cydiai ag un law yn y rigin tra oedd y llall yn chwifio potel wag o jin i guriad y gân.

'Huw, wnewch chi beidio bod mor ddi-chwaeth, shofinistaidd a hiliol. So ni isie caneuon fel 'na 'ma heno,' meddai Sian wrtho'n siarp.

'Not at ôl, not at ôl,' ychwanegodd Cadi Ffran.

'Cau dy geg y bansan a thyrd â photel arall o jin i mi,' gwaeddodd Huw arno.

Erbyn hyn, roedd y cwch yn ysgwyd yn o ddrwg. Roedd Gwendolyn a'r Capten yn dal mewn sgwrs ac yn llowcio pinc jins. Roedd Huw wedi distewi ac yn edrych ar yr awyr, roedd Cadi Ffran fel rhyw bili-pala'n hedfan o un pen i'r llall i'r dec efo'r pinc jin . . . ac roedd Sian efo'i phen dros yr ochr.

'Sian ti'n iawn? Ti 'di chwdu?' gofynnodd Rhys â'i fraich amdani.

'Na, so fi'n iawn! Do, fi wedi wdi. A fi isie mynd oddi yma – i dir sich.'

Trodd Rhys at Huw. 'Oes 'na storm ar ffordd Huw?'

'Nag oes, dim ond dipyn o wynt a swel. Yfa'r jin. Mi fyddi di'n iawn efo llongwr fatha fi. Ddim rhyw longwrs tir sych fatha'r gweddill yma.'

Ond erbyn hyn, roedd yr awyr yn dechrau tywyllu. Aeth Rhys at un o'r criw.

'Ewch chi â Sian yn ôl i'r lan plîs?'

Atebodd o ddim. Dim ond cerdded at ble roedd y grisiau'n mynd lawr i'r cwch bach. Dilynnodd Sian a Rhys ef.

Roedd Sian a'r cyhyrog yn y cwch ac roedd Rhys ar fin ffarwelio â hi iddo gael mynd i yfed jin efo Huw.

'Rhys! Dere, tyrd 'da fi i, i ti gael mynd â fi gartre.'

Doedd gan Rhys fawr o ddewis, ac i ddweud y gwir roedd o erbyn hyn yn reit falch o gael anelu am y lan. Roedd y gwynt wedi codi a'r cwch bach yn cael ei hyrddio gan y tonnau. Roedd Sian yn plygu dros gefn y cwch yn chwydu'i pherfedd allan. Allai Rhys gysuro fawr arni gan fod yn rhaid iddo afael yn dynn yn ochr y cwch.

Ar fwrdd y *Sandringham*, roedd y parti'n mynd ffwl swing. Roedd Huw Cris ar y dec ac ar ei drydedd potel a chan bod Sian wedi mynd, câi lonydd i ganu ei ganeuon morwrol.

Roedd Gwendolyn yn eistedd ar lin y Capten yn y caban, gwydraid o jin ymhob llaw'r ddau ohonynt. Ac roedd Cadi Ffran yn dal ei hun drwy afael efo un law mewn rhaff oedd yn rhedeg ar hyd y nenfwd ac yn llenwi gwydrau Gwendolyn a'r Capten efo'r llall.

Yn sydyn, dyma glec. Rhedodd yr unig aelod o'r criw oedd ar ôl i lawr i'r caban.

'Ddy ancyr's gon Capn and wîr driffting . . . and ddy enjin wont start.'

'Pôr iorselff e stiff jin,' meddai'r Capten. 'Wil bî olreit.'

Wrth iddo ollwng ei law oddi ar y rhaff i estyn diod iddo, cafodd Cadi Ffran ei hyrddio ar draws y caban nes oedd ei ben yn sdicio allan o'r portol.

Aeth y cyhyrog at y radio, codi'r meic a galw 'Mê-dê! Mê-dê!'

'Dyna egseiting Capten. Fyddwn ni'n shipwrecd?' gofynnodd Gwendolyn heb sylweddoli difrifoldeb y sefyllfa. 'Mwy o drinci-pws,' meddai ac estyn am y botel jin.

Daeth clec arall.

'Wîf hit ddy sandbancs, Capn!' meddai'r cyhyrog â phryder yn ei lais.

Erbyn hyn, roedd pen Cadi Ffran wedi dod yn rhydd o'r portol ac oherwydd hynny daeth ton o ddŵr i mewn i'r caban. Cafwyd clec arall. Ond y tro hwn, Huw Cris oedd wedi disgyn i lawr y grisiau. Roedd yn wlyb diferol ac yn cael trafferth siarad.

Roedd y cwch yn ysgwyd o ochr i ochr erbyn hyn. Er iddyn nhw yfed yr holl jin, roedd y tri'n sylweddoli o'r diwedd bod yna rywbeth mawr o'i le. Pawb ond Huw Cris, oedd prin yn gweld y botel jin o'i flaen. Stopiodd Cadi Ffran chwerthin yn wirion a chydiodd Gwendolyn yn dynnach yn y Capten.

Gyda'r don nesaf, cafodd Cadi Ffran ei hyrddio ar draws y caban gan lanio ar lin Huw Cris. Cydiai'n dynn amdano gan weiddi, 'Wîr ffinishd, wîr ffinishd!'

Dechreuodd Gwendolyn grïo a'r Capten yn gweiddi am ei fam. Roedd pethau'n o ddu ar fwrdd y *Sandringham*.

Erbyn hyn, roedd Rhys a Sian wedi cyrraedd y Doc. Roedd Sian yn dal i wagio'i pherfedd ac roedd hi am aros i gael awyr iach cyn cychwyn am adref. Roedd y gwynt wedi codi gormod i'r cyhyrog fentro rhwyfo'n ôl at y Capten. Felly aeth i chwilio am gwrw.

Dechreuodd fwrw glaw'n drwm a symudodd y ddau i gysgodi yn nrws adeilad yr harbwr. Gallai Rhys weld drwy'r glaw bod y *Sandringham* wedi symud fwy allan i'r bae a'i bod yn cael ei thaflu o gwmpas gan y gwynt a'r tonnau.

'Sian, dwi'n meddwl bod y *Sandringham* mewn trafferth . . . '
'So fi isie gwbod. Fi'n sâl . . . ' atebodd.

Ond o fewn dim daeth golau o'r awyr a gwelodd Rhys rhywbeth melyn yn hofran uwchben y cwch hwylio. Yna, rai munudau'n ddiweddarach, clywodd sŵn rhywbeth ar wahân i'r gwynt yn rhuo. Sŵn hofrennydd.

O fewn dim, roedd hofrennydd melyn wedi glanio ar y Doc. Agorodd y drws. Dyn â helmet oedd y cynta i ddod allan. Yna'r Capten a Gwendolyn. Y ddau'n wlyb diferol. Prin allai Rhys adnabod Gwendolyn. Roedd pob arlliw o golur wedi cael ei olchi i ffwrdd ac roedd ei gwallt fel cynffonau llygod mawr yn rhedeg i lawr ei hwyneb.

'Ddy *Sandringham*! Ddy *Sandringham*! Aif lost the bôt!' wylofai'r Capten. 'No regata. No Iot Clyb presidensi . . . '

Ar hynny, daeth stretshar allan o'r hofrennydd. Wedi ei glymu iddo roedd Huw Cris ac yn gorwedd arno'n gafael yn dynn amdano roedd Cadi Ffran. Roedd llygaid Huw wedi'u cau; roedd gwên lydan ar ei wyneb ac roedd yntau'n gafael yn dynn am Cadi Ffran.

Canai'n feddw . . . . 'Dder is a blac wyman in ddy port of Shalame . . . '

11. Dros ein Gwlad

Roedd hi'n ddistaw iawn yn y swyddfa.

'Mae'n rhaid i ni fynd i chwilio am waith,' meddai Gwendolyn gan godi oddi ar ei chadair swifl. 'Mi awn ni rownd busnesau'r dref i edrych os oes ganddyn nhw rywbeth i ni. Cer di am y Maes ac mi a' inna i'r cyfeiriad arall.'

Caeodd y ddau ddrws y swyddfa ar eu holau a chychwynodd Rhys i fyny Stryd Twll yn y Mur.

Yn anffodus, roedd yn rhaid iddo fynd heibio'r *Darian Fach* ac oddi yno daeth llais cyfarwydd. 'Lle ti'n mynd Rhys?' Huw Cris oedd yno ac o fewn dim, roedd Rhys wrth y bar efo fo.

'Mynd i chwilio am fusnas o'n i Huw,' eglurodd Rhys ar ôl codi peint. 'Mae hi'n fain acw.'

'Mae fan'ma gystal lle â dim i ti. Mae 'na bobol busnas yn galw yma'n amal. Be am Sam?' Gwaeddodd ar y barman oedd yn golchi gwydrau yng nghornel y bar. 'Hei Sam! Ti'm isio Rhys wneud chydig o Bi-Âr i chdi? Denu mwy o fusnas?'

'Esu, nagoes,' atebodd Sam. 'Dwi'n gneud yn dda uffernol rŵan. Os byswn i'n gwerthu mwy o gwrw, fysa raid i mi agor brwyri'n hun.'

Roedd yna nifer yn y *Darian Fach* ond rhai oedd ar y dôl oeddan nhw i gyd. Mae pobol busnas wrthi hefo'u busnesa mae'n siŵr, meddai Rhys wrtho'i hun. Ond roedd y cwrw'n dda a'r cwmni'n ddifyr.

Yn sydyn, tywyllodd y dafarn. Trodd pawb i gyfeiriad y drws o ble y deuai golau i mewn fel arfer. Yno safai anferth o ddyn mewn lifrai.

'Esu Nobi Pritchard!' meddai Huw gan neidio i gyfeiriad y

cawr â'i law allan yn barod i'w gyfarch.

'Huw Cris, myn uffar i,' meddai Nobi. 'Sut wyt ti'r cwd?'

Wedi rhai munudau cafodd Rhys ei gyflwyno i'r dyn diarth. 'Nobi Pritchard ydy hwn. Sarjant fel y gweli di o'i lawas o. Wedi bod yn 'rarmi ers iddo adal 'rysgol. Roeddan ni yn 'run dosbarth. Heb 'i weld o ers blynyddoedd.'

'Dim Nobi 'di'ch enw iawn chi, Mr . . . yyy . . . Sarjant Pritchard? Oeddach chi'n ffan o Nobi Stails oedd efo Man Iw erstalwm?' gofynnodd Rhys.

Chwarddodd y ddau wrth glywed ei gwestiwn. 'Na, fo oedd gan y nob mwya yng Nghnarfon!' eglurodd Huw gan estyn peint a rỳm yr un i'r tri ac aethon nhw i eistedd i'r gornel i gael hanes Nobi yn 'rarmi'n cwffio comis yn Malaysia ac arabs yn Aden.

'Dach chi wedi gweld dipyn o'r byd felly, Sarjant?' gofynnodd Rhys.

'Esu do . . . galwa fi'n Nobi, 'ngwas i. Dwi 'di gweld petha 'sa'n codi gwallt dy ben di . . . ac yn shriflo blaen dy goc di!'

'Wyt ti adra ar lîf rŵan, Nobi?' gofynnodd Huw gan roi clec ar ei ben i'r rỳm.

'Na, dwi yma am dipyn go lew rŵan. Fi 'di'r ricriwting offiser yng Nghnarfon 'ma. Chwilio am hogia ifanc i fynd dros y byd i amddiffyn 'rhen Gymru fach. Cwffio'r comis a'r penna-bandejis a'r . . . a phwy bynnag sy'n bygwth gwlad y gân!' meddai Nobi gan sythu'i gefn cyn taro peint cyfa i lawr ei gorn gwddw.

'Ond does 'na'm comis rŵan Nobi,' meddai Rhys.

'Oes, siŵr Dduw,' atebodd Nobi â'i lygaid yn fflachio. 'Maen nhw 'mhob man. Dan gwlâu. Ar gefn ein merchaid ni. A'r holl bwfftars 'ma . . . Mae isio ni gyd fod ar ein gwyliadwriaeth. Cymru – gwlad y menyg gwynion. Rhai brownion fyddan nhw i gyd cyn hir, gei di weld.'

Erbyn hyn, roedd Huw wedi cyrraedd efo rownd arall. Cythrodd Nobi i'r peint a'i wagio mewn un, cymaint oedd o wedi mynd i stêm o feddwl am gymaint o bethau oedd yn bygwth yr hen wlad.

Siaradodd Rhys fawr ddim ar ôl hyn. Doedd o ddim am wylltio Nobi, yn enwedig wedi iddo egluro sut y byddai o'n lladd insyrjynts gydag un llaw. Ac yn wir, wedi yfed yr holl ddiod, prin y gallai Rhys siarad beth bynnag. Erbyn ganol pnawn, gorweddai Rhys â'i ben ar y bwrdd tra siaradai'r ddau arall am yr hen ddyddiau.

Am bump o'r gloch, edrychodd Nobi ar ei watsh. 'Sefntîn hyndred owyrs. Esu, mae raid i mi fynd. Mae gen i gyfarfod o'r cadets mewn deng munud.'

'Rhaid i minna fynd i 'neud 'chydig o waith hefyd,' meddai Huw. 'Be wnawn ni hefo hwn?' gofynnodd gan gyfeirio at Rhys.

'Lle mae o'n byw?' gofynnodd Nobi, ond pan ddywedodd Huw mai yn Twtil, daeth yn amlwg nad oedd yna amser i fynd â Rhys adref.

'Awn ni ag o i'w offis. Mae honno dros lôn,' meddai Huw. Ac ar hynny cododd Nobi a rhoi Rhys dros ei ysgwydd.

Camodd y ddau ar draws Stryd Twll yn y Mur. Ffarweliodd Huw a martsiodd Nobi i fyny grisiau Seiont Pi-Âr. Roedd Gwendolyn yn y swyddfa'n mynd trwy'r Tudalennau Melyn i chwilio am gwmnïau i'w ffonio pan lanwodd Nobi ffrâm y drws.

Gollyngodd Rhys ar lawr mewn gornel, sythodd ei gefn a salwtio. 'Sarjant Nobi Pritchard, Roial Welsh Ffiwsyliyrs, at iôr serfis ma'am,' meddai.

Dychrynnodd Gwendolyn. Ddywedodd hi'r un gair. Trodd Nobi ar ei sodlau a martshio allan o'r stafell ac i lawr y grisiau.

Roedd Rhys yn chwyrnu yn y gornel. Edrychodd Gwendolyn yn flin arno. Rhoddodd gic iddo ac aeth allan drwy'r drws.

Pan gyrhaeddodd Gwendolyn yn ôl i'r swyddfa'r bore canlynol, roedd Rhys yn dal i gysgu yn y gornel. Rhoddodd gic arall iddo.

Deffrodd. Cyn iddo gael cyfle i ddod at ei hun, ymosododd Gwendolyn yn eiriol arno.

'Y sglyfath! Yr alci bach! Fi'n mynd allan i chwilio am waith . . . a chditha'n mynd allan i yfad efo dy fêts drwy'r dydd. Lle 'dan ni'n mynd i gael gwaith? Lle 'dan ni'n mynd i gael pres . . . '

'Mae'n ddrwg gen i, Gwen, ond . . . '

Roedd Gwendolyn ar fin beichio crïo pan glywodd y ddau sŵn rhywun yn matshio i fyny'r grisiau. Nobi oedd yno â ffeil dan ei fraich. Sythodd ei gefn a salwtio unwaith eto. Chymerodd o ddim sylw o Rhys oedd erbyn hyn wedi codi ac yn eistedd yn welw ar un o'r cadeiriau.

Tynnodd Nobi ei gap pig gloyw ac estyn y ffeil i Gwendolyn.

'Mae gen i isio cynnal ricrwtment dreif yn Nghnarfon 'ma, ac mi welis i neithiwr mai cwmni Pi-Âr ydach chi. Felly, dwi isio chi roi pris ar y joban 'ma i'r armi. Posteri, taflenni, adfyrts, prés rilîsus ac ati.'

'O gwych!' meddai Gwendolyn, bron iawn â neidio amdano a'i gusanu. 'Steddwch am eiliad, Sarjant.'

Edrychodd Gwendolyn ar y manylion yn y ffeil. 'Dim problem, Sarjant. Mi fydd y pris yn barod erbyn pnawn.'

Cododd Nobi ar ei draed. Taflodd gipolwg ar Rhys. Ysgydwodd ei ben cyn rhoi ei gap pig yn ôl. ''Sa'r armi'n gneud byd o les i'r llafna ifanc 'ma,' meddai. Salwtiodd, trodd ar ei sodlau a martsiodd i lawr y grisiau.

'Dyna fo, ges i joban yndo?' meddai Rhys oedd wedi dod at ei hun rhywfaint.

'Hmm . . . ' meddai Gwendolyn. 'Cer i molchi neu rwbath – mae golwg ofnadwy arnach chdi.'

Erbyn tri o'r gloch, roedd gan Gwendolyn brisiau'n barod i'r fyddin. Ffoniodd rif oedd yn y ffeil.

'Sarjant Pritchard? Mae'r prisia'n barod.'

'Da iawn. Da iawn, a dydi hi ond ffifftîn hyndred owyrs. Fysach chi'n licio dod i fyny i'r barics efo'r prisia . . . i mi gael dangos y lle 'ma i chi?'

Doedd Gwendolyn erioed wedi bod yn y barics o'r blaen nac wedi cymryd llawer o ddiddordeb yn y lle, ond daeth rhesiad o ddynion ifanc cydnerth smart mewn lifrai i'w meddwl.

'Diolch yn fawr, Sarjant. Mi ddo' i fyny rŵan os ydi hynny'n iawn?'

'Campus. Campus. Mi'ch gwela i chi felly mewn rhyw chwarter awr.'

Fel y nesâi'r Audi at y barics, daeth milwr allan o'i gwt a gofyn iddi be oedd ei busnes yno. Wedi iddi ateb, cafodd ei thywys gan filwr arall i swyddfa'r Sarjant.

Curodd hwnnw'r drws. O'r ochr arall, daeth llais yn gweiddi *'Enter'* a martsiodd y milwr ifanc i mewn i'r swyddfa gyda Gwendolyn yn ei ddilyn.

Roedd Nobi wedi cribo'i wallt ac wedi rhoi cwyr ar ei fwstash ac edrychai'n urddasol iawn. Wedi i'r milwr ifanc adael, daeth o du ôl i'w ddesg at Gwendolyn. Cymerodd y ffeil oddi arni ac astudiodd y prisiau.

'Da iawn, da iawn . . . y . . . y . . . '

'Gwendolyn, Sarjant. Gwendolyn Prydderch.'

'Galwch fi'n Nobi. Dyna mae pawb arall yn ei wneud,' meddai gan roi tro ar ei fwstash.

'Enw anarferol . . . Nobi? O ble gawsoch chi o?'

'Mmm . . . stori hir Gwendolyn. *Hir* iawn. Efallai y daw'n amlwg gyda hyn,' meddai gan roi tro arall ar ei fwstash.

Edrychodd Gwendolyn o'i chwmpas. Roedd lluniau ar y waliau. Nobi yn y jyngl, Nobi yn yr anialwch, Nobi hefo mashîn-gyn, Nobi hefo tanc.

'Rydach chi wedi cael bywyd anturus iawn, Nobi,' meddai Gwendolyn â'r lluniau'n amlwg wedi creu argraff arni.

'Mae bywyd yr armi'n fywyd anturus. Wedi bod ym mhob

man, saethu bob dim. A chael fy saethu'n hun fwy nag unwaith.'

'Cael eich saethu!?'

'Do wir,' meddai Nobi gan ddechrau agor ei grys. 'Ylwch, dowch yn nes.' Cyfeiriodd at greithiau maint swllt ar ei frest. 'Mashîn-gyn comi yn y jyngl oedd rheina.' Agorodd fwy o fotymau. 'Cleddyf rhyw ddiawl o Arab wnaeth hwnna,' meddai gan gyfeirio at graith hir ar draws ei fol. Rhoddodd Gwendolyn ei llaw dros ei cheg mewn braw.

'Jest i mi chopio hi'n fan'na. Rhwng byw a marw am bythefnos. Ylwch, rhowch eich llaw arni i gael gweld pa mor ddyfn ydy hi.'

Estynnodd Gwendolyn ei llaw yn betrus a'i rhoi ar fol Nobi. 'Brenin mawr, mi fuoch chi'n lwcus Nobi.'

'Ond y waetha,' meddai gan ddechrau agor ei felt, 'oedd pan ges i fwlat sneipar drwy'r ffamili jiwyls!'

'Nobi bach!' meddai Gwendolyn mewn dychryn.

'Ia bron iawn,' meddai Nobi oedd â'i law i lawr ei drôns yn barod i halio'i drysor i'r golwg . . .

Daeth cnoc sydyn ar y drws a rhedodd milwr ifanc i mewn. 'Sori, Sarj. Sori'ch distyrbio chi . . . ond . . . ma rhywun 'di dwyn y rejimental gôt!'

'Rhoswch chi'n fan'ma Gwendolyn, rhag ofn bod yna derorists o gwmpas.' A chan gau'i felt ag un llaw, cydiodd mewn mashîn-gyn oedd yn pwyso'n erbyn y wal efo'r llall, a rhedodd allan i'r iard gan weiddi gorchmynion ar bawb.

Arhosodd Gwendolyn yn y swyddfa nes daeth y milwr ifanc i'w hebrwng yn ôl i'w char. Cariai wn yn ei law gan edrych yn ofalus i bob cyfeiriad wrth gerdded ar draws yr iard i'r car.

Clywai Gwendolyn Nobi'n gweiddi yn y pellter. Cymysgedd o 'Bili! Bili! Ty'd yma!' a bygythiadau difrifol i unrhyw derfysgwyr honedig oedd wedi'i ddwyn.

Chlywodd Gwendolyn ddim oddi wrth Nobi am rai dyddiau er

bod sôn am gipio Bili'r Afr yn dew drwy'r dref. Un bore, clywodd sŵn traed milwrol yn camu i fyny'r grisiau. Nobi oedd yno. Safodd gan lenwi ffrâm y drws unwaith eto.

'Helo, Nobi . . . ,' meddai Gwendolyn ond o fewn dim syllodd ar anferth o lwmp yn nhrowsus Nobi. Methai â thynnu'i llygaid oddi arno.

Roedd Nobi wedi sylwi ar be roedd hi'n edrych. 'Paid â phoeni,' meddai gan roi ei law yn ei boced a thynnu gwn allan. 'Dwi 'di dod â hwn efo fi fel protecshyn rhag y terorists wnaeth ddwyn yr afr.'

'O . . . ' meddai Gwendolyn yn siomedig.

'Dyna pam dwi wedi dod i dy weld di. Mae gynnon ni broblem fach efo'r recriwtio rŵan.'

'Pam?' gofynnodd Gwendolyn.

'Does gynno ni ddim ffy . . . does gynno ni ddim gafr, yn nacoes,' atebodd Nobi dan deimlad. 'Allwn ni ddim mynd ymlaen heb Bili.'

Doedd Gwendolyn yn poeni dim am yr afr ond mi roedd ganddi ofn y byddai'n colli'r cytundeb efo'r fyddin. 'Ond ellwch chi ddim cael gafr arall? Benthyg un?'

'Na, does na'm un ffor' 'ma. A dwn 'im yn lle i ddechra chwilio,' atebodd Nobi.

Cofiodd Gwendolyn am ei chysylltiadau â'r ffermwyr ifanc. 'Ella y galla i gael hyd i un. Dwi'n nabod dipyn o ffarmwrs ffor'ma.'

'Ew, grêt, Gwendolyn,' meddai Nobi. 'Mi wna i rwbath i chdi os gei di afr arall i mi.'

'Unrhyw beth?' gofynnodd Gwendolyn gan nesâu tuag ato.

'Unrhyw beth,' cadarnhaodd Nobi.

Erbyn hyn roedd Gwendolyn o fewn chydig fodfeddi iddo. 'Y tro dwytha, 'nes di ddechra dangos lle roedd y fwled wedi mynd drwy'r. . . ' meddai gan amneidio at ei gwd.

Doedd dim angen dweud mwy wrth Nobi. Agorodd ei felt a disgynnodd ei drwsus i'w fferau. Yna gollyngodd ei drôns.

'Waw . . . !' meddai Gwendolyn. 'Nobi . . . !' Roedd Nobi *a*'i dwlsyn yn salwtio.

Plygodd Gwendolyn i lawr i gael gweld y twll bwled. Ar hynny, rhuthrodd Rhys i mewn. 'Dwi wedi'i gweld hi!'

'A fi hefyd,' meddai Gwendolyn gan ochneidio.

'Na, na . . . yr afr!' eglurodd Rhys.

'Fo ydy o . . . dim hi,' torrodd Nobi ar ei thraws wrth godi'i drwsus. 'Lle welist i o?'

'Dros bont Rabar efo criw o hogia,' eglurodd Rhys.

'Arabs oeddan nhw? Mwslim ffyndamentalists? Terorists?' harthiodd Nobi hefo'r gwn yn ei law.

'Na, na . . . hogia dre oeddan nhw.'

Ond erbyn hyn roedd Nobi ar y woci-toci. 'Terorists sboted. Bî platwn tw cros dros bont Rabar. Sî platwn tw cyfyr ffrom Coed Helen,' ac allan ag o gan chwifio'i wn yn yr awyr.

Bu raid i Gwendolyn eistedd i lawr am funud wedi'r holl gyffro.

'Nei di ddim ffonio Geraint y ffarmwr ifanc i mi Rhys?' gofynnodd ar ôl cael ei gwynt ati. 'Dwi ddim isio'i ffonio fo rhag ofn i'w dad ateb y ffôn – a dwi'm isio siarad efo hwnnw ar ôl ffiasgo'r treialon cŵn defaid. Dydi o byth wedi madda i mi.'

O fewn dim, roedd Geraint ar ben arall y ffôn a throsglwyddodd Rhys o i Gwendolyn.

'Geraint. Sut ma'i ers talwm? Isio gofyn ffafr oeddwn i. 'Sgen ti'm bwch gafr neu'n gwbod am un?'

'Bwch gafr?' Gallai Gwendolyn ei glywed yn crafu'i ben. 'Na 'sgen i'm bwch gafr . . . na fy ffrindia i chwaith. Ella bod gan rai o'r hipis yna sy'n byw yn y brynia rai. Mi 'na i holi i chdi.'

'O diolch yn fawr Geraint. Mi fydd raid i ni gael noson allan eto rywbryd. Hwyl fawr,' a rhoddodd y ffôn i lawr.

Rhai dyddiau'n ddiweddarach roedd Rhys yn y *Darian Fach* efo Huw Cris pan ddaeth Nobi i mewn.

'Golwg ddigalon arnach chdi, Nobi,' meddai Huw Cris wrth godi peint iddo.

'I ddeud y gwir wrtha chi, hogia, dwi'n colli'r hen afr 'na. Mi roeddan ni'n dipyn o ffrindia. Wedi bod yn bob man efo'n gilydd.'

Llyncodd hanner ei beint.

'A rŵan . . . ' dechreuodd weiddi, 'mae'r blydi terorists 'na wedi dwyn Bili! Yn hostej! Y basdads!'

Erbyn hyn, roedd Huw Cris wedi estyn gwydriad o rỳm iddo. 'Yfa hwn, Nobi. Mi fyddi di'n well wedyn.' Ac i lawr y lôn goch yr aeth diod brown Capten Morgan.

Ceisiodd Huw newid y pwnc. 'Dallt bo' chdi wedi bod yn dangos dy wôr ŵnds i Gwendolyn?'

'Ew do, roedd hi'n impresd hefyd,' meddai Nobi gan sythu'i gefn. 'Mae merchaid i gyd yn gwirioni pan maen nhw'n gweld dyn mewn iwnifform. Dim ods be 'di lliwia nhw, pan maen nhw'n gweld y trynshyn – dyna hi wedyn, maen nhw fel pwti yn dy law di.'

'Ydyn siŵr,' cytunodd Huw tra oedd Rhys yn gwrando'n astud arnyn nhw.

'Ew, dwi'm 'di ca'l dynas ers o'n i'n Aserbaijan ar manwfyrs. A ches i'm llawar yn fan'no. O'dd fiw i ti sbïo ar 'u merchaid nhw, a doeddat ti'n gweld fawr beth bynnag ond 'u llgada nhw.'

'Be oeddach chdi'n 'neud yn Aserbaijan, Nobi?' gofynnodd Rhys gan na fu iddo erioed glywed am filwyr o Gymru yn y rhan honno o'r byd – ac yntau wedi gweithio yn adran newyddion y BBC.

'Alla i ddim dweud wrtha ti. Sbeshial Mishyn. Ond mi fues i'n cwffio'r comis a'r penna-bandejis,' atebodd Nobi â rhyw hiraeth yn ei lygaid.

'Sôn am ferchaid oeddan ni,' meddai Huw gan geisio cadw Nobi oddi wrth bynciau rhyfelgar. ''Sgin ti ffansi Gwendolyn?'

'Ew 'swn i'm yn meindio rhoi twenti-wan gyn salwt i honna,' meddai gan gydio'n ei gwd. 'Ti'n meddwl bod gen i jans?' gofynnodd i Rhys.

'Ew, 'swn i'n meddwl. Mi eith hi hefo rwba . . . y . . . y . . . y . . . roedd hi'n amlwg wedi'ch ffansïo chi pan oeddach chi hefo'ch trwsus o gwmpas eich traed yn swyddfa 'cw.'

'Ia, wedi gweld yr egsoset ma' sgin i rhwng fy nghoesa oedd hi'n de,' meddai Nobi gan wasgu'i gwd yn dynnach. 'Ydy hi yn yr offis heddiw?' gofynnodd, yn amlwg yn dechrau cynhyrfu.

'Ydy,' atebodd Rhys.

'Iawn, dwi'n mynd i'w gweld hi,' meddai Nobi gan orffen ei beint ag un llwnc.

Roedd Gwendolyn ar fin mynd i mewn i'r swyddfa, pan ddaeth Nobi ar ei thraws.

'Gwendolyn, sut ma'i?'

'A . . . Nobi. Mae hi'n ddiwrnod braf,' meddai Gwendolyn gan wenu arno.

'Wel ydy. Dyna pam ddois i yma. Meddwl y bysa chdi'n licio mynd am dro i'r wlad. Rhyw reci bach. Mae'r jîp gen i rownd gornel.'

Fyddai Gwendolyn ddim fel arfer wedi mynd i gerbyd o'r fath, ond roedd newydd weld ffilm y noson o'r blaen. Ffilm o'r Ail Ryfel Byd. Ffilm efo Americanwyr golygus mewn lifrai a merched ifanc deniadol ar eu brechiau . . . neu'n teithio o gwmpas yn eu jîps.

Rhoddodd ei braich yn mraich Nobi a cherddodd y ddau i lawr y stryd tuag at gerbyd o eiddo'r fyddin oedd wedi'i barcio ganllath i ffwrdd. Neidiodd y ddau i mewn. Taniodd Nobi'r injan a draw ar hyd glannau'r Fenai â nhw.

Chwythai'r gwynt drwy wallt Gwendolyn a gwnâi'r haul cryf iddi gau ei llygaid tra'r oedd Nobi'n gwibio ar hyd lonydd culion Arfon. O'r diwedd, daeth y cerbyd i stop â'i drwyn yn wynebu dros y dŵr. Rhoddodd Nobi ei fraich amdani. Trodd Gwendolyn ato i gael ei chusanu. Teimlai'r mwstash caled yn gwthio i'w boch.

'Ty'd, awn ni i'r cefn. Mae 'na fwy o le yn fan'no,' meddai

Nobi, ac yn wir – fel pob milwr da – roedd Nobi wedi paratoi ar gyfer pob achlysur. Yno roedd pentwr o sachau cysgu.

Camodd y ddau i'r cefn ac yno ar ben yr armi isiw y bu'r ddau'n cynnal manwfyrs. Bob hyn a hyn deuai dilledyn i'r golwg gan hongian dros ochr y jîp. Drwy lwc, fel pob cerbyd milwrol arall, roedd hwn wedi'i wneud i wrthsefyll cael ei gamdrin. Roedd arno sbrings cryfach na'r cyffredin ond câi hyd yn oed y rhain eu gweithio'n galed iawn cymaint oedd yr ysgwyd o du mewn i'r jîp.

Cymaint oedd y sŵn hefyd a ddeuai o'r jîp fel na sylwodd yr un o'r ddau fod yna anifail wedi nesáu at y cerbyd. Gafr lwglyd. Dechreuodd drwy fwyta'r dillad oedd ar ochr y cerbyd. Dillad caci bob un.

Gorweddai'r ddau erbyn hyn yn llonydd ym mreichiau'u gilydd. Dechreuodd Nobi synhwyro'r awyr. Roedd yno arogl cyfarwydd. Dim merch . . . ond gafr! Cododd ar ei eistedd a gwelodd afr fawr wen efo darn o'i drôns yn ei geg yn syllu arno.

'Blydi hel! Mae gafr wedi byta 'nillad i! Bili ydy o!'

Cydiodd Gwendolyn yn ei dillad tra neidiodd Nobi allan o'r jîp i geisio dal yr afr. Ond i ffwrdd ag o a neidio dros wal gyfagos. Doedd gan hyd yn oed y jîp ddim gobaith mul ei ddal. Neidiodd Nobi y tu ôl i'r llyw, tanio'r injan a sgrialu'n ôl am Gaernarfon.

Gollyngodd Gwendolyn ar gyrion y dre a chan ymddiheuro iddi gwibiodd y jîp am y barics.

Roedd Geraint wedi bod ar y ffôn i ddweud ei fod wedi cael benthyg gafr yr hipis i Gwendolyn, ac roedd angen mynd i'w nôl ar frys. Ar hyn o bryd, roedd yng ngardd Mrs Huws Rerw ond nid am yn hir. Roedd o newydd fwyta long-jons Gwilym ei gŵr a phan ddaeth o i wybod mai ar gyfer Gwendolyn oedd yr afr, roedd am ei saethu'n syth. Yr afr, hynny yw, nid Gwendolyn.

O'r diwedd, daeth Gwendolyn i'r swyddfa a chafodd y neges frys gan Rhys.

'Ffonia fo rŵan i ddeud y down ni i nôl yr afr yn syth.'

Doedd Gwendolyn ddim am fynd i fyny at Rerw rhag ofn bod Gwilym Huws yno, felly cytunwyd i gyfarfod Geraint ar ben Mynydd Foel. Pan gyrhaeddodd y ddau'n yr Audi roedd Geraint a'r afr yno'n eu disgwyl.

Aeth Gwendolyn yn syth at Geraint ac edrych i mewn i'w lygaid gleision. 'Sut mai ers talwm, Geraint?' meddai.

'Iawn, grêt,' atebodd Geraint yn wên o glust i glust tra cydiai yn llaw Gwendolyn a'i thynnu'n araf tuag ato.

Roedd ar fin ei chusanu pan glywodd besychiad. Doedd yr un yn siŵr ai Rhys yntai'r afr oedd wedi pesychu, ond trodd Gwendolyn at y ddau. 'Rhys, cer â'r afr am dro bach. Mae'n siŵr 'i fod o isio bwyd neu rwbath.'

Datododd Rhys y cortyn oedd yn dal yr afr wrth bympyr fan Geraint a chychwynnodd efo fo drwy'r grug.

'Gawn ni lonydd rŵan,' meddai Geraint wrth bwyso ar Gwendolyn oedd â'i chefn ar y fan. Rhedodd ei ddwylo ar hyd ei chorff. Hithau'r un modd iddo yntau. Agorwyd crys Geraint a dechreuodd Gwendolyn fwytho'i frest. O fewn dim, roedd blows Gwendolyn hefyd ar agor. Disgynnodd jîns Geraint dan ei bengliniau; a thrwsus Gwendolyn yr un modd. Gwthiodd Geraint iddi tra gwaeddai Gwendolyn rhwng ei dannedd, 'Geraint! Geraint! O . . . Geraint!'

'Watshwch!' daeth llais o'r cefn, ond mi roedd yn rhy hwyr. Roedd cyrn yr afr yn plannu i din Geraint gan ei wthio fodfeddi i mewn i Gwendolyn.

'Geraint! Geraint! Mwy . . . mwy . . . ' gwaeddodd Gwendolyn. Ond roedd Geraint yn anymwybodol yn ei breichiau. Disgynnodd yn un swp i'r llawr.

'Geraint! Geraint! Be sydd?' meddai ond yn sydyn, gwelodd yr afr a rhoddodd sgrech.

Rhedai Rhys i fyny'r llwybr – yn fyr o wynt – gan weiddi,

'Ty'd yma'r diawl . . . '

Erbyn hyn, roedd Geraint yn dechrau dod at ei hun ym mreichiau Gwendolyn. 'Lle ydw i? Be ddigwyddodd?' gofynnai.

Wedi iddo ddod at ei hun, ac wedi i'r ddau wisgo amdanynt, cafodd yr afr ei roi ym mŵt yr Audi. Cerddodd Geraint yn araf i'r fan ac eisteddodd yn ofalus. Rhoddodd Gwendolyn gusan iddo drwy'r ffenest agored gan sicrhau y câi'r ddau gyfle eto – ac yna diolchodd am yr afr.

Aeth yr Audi'n syth am y barics. Bu raid unwaith eto aros ger y fynedfa ond tro yma – ers diflaniad Bili'r Afr – roedd yna fesurau diogelwch llymach. Bu raid i'r ddau ddangos eu cardiau busnes i un milwr tra oedd y llall â'i drwyn i mewn yn y car yn ei archwilio.

Yna aeth y milwr i gefn y car a chyn i Rhys na Gwendolyn allu'i atal, roedd wedi agor y bŵt. Neidiodd yr afr allan a'i daflu nes oedd ar ei gefn ar lawr. Roedd Rhys a Gwendolyn allan o'r car erbyn hyn ac yn rhedeg o gwmpas yr iard yn ceisio dal yr anifail. Ond roedd o'n llawer cyflymach na nhw.

Roedd Sarjant Nobi Pritchard wedi clywed y sŵn ac wedi dod allan. 'Gafr myn uffar i,' meddai. 'Ac un hyll hefyd!'

'Ni sydd wedi chael hi i chdi Nobi – yn lle Bili,' meddai Rhys.

'Ar gyfer yr ymgyrch ricriwtio,' ychwanegodd Gwendolyn.

Erbyn hyn, roedd milwyr efo gynnau wedi ymddangos o bob twll a chornel ond roedd yr afr wedi diflannu y tu ôl i adeilad.

'Bî Platwn tw ddy lefft, Sî Platwn têc ddy rîyr ac Ê Platwn efo fi,' gorchmynnodd Nobi.

Penderfynodd Rhys a Gwendolyn y bydden nhw'n dilyn Nobi a'i blatwn oedd yn symud yn araf tuag at ochr dde'r adeilad. Nobi oedd ar y blaen, ar ei fol ar lawr â gwn yn ei law. Wedi mynd felly am rai degau o lathenni, arhosodd Nobi. Roedd wedi gweld cynffon frown ymysg y llwyni.

Cododd ar ei draed a rhuthro tuag at yr afr. Cydiodd ynddo gerfydd ei wddw a'i dynnu i'r llawr.

Erbyn hyn, roedd Rhys, Gwendolyn a gweddill y milwyr wedi cyrraedd. Cododd Nobi ar ei draed gan afael yn dynn yn sgrepan yr afr.

'Be 'di hwnna yn 'i geg o?' gofynnodd Rhys.

'Blydi hel, 'y nhrôns i! Yr ail yr wythnos yma! 'Sgin i'm un arall ar ôl!'

Yn y man, daeth diwrnod yr ymgyrch ricriwtio. Roedd y milwyr i gyd yn eu lifrau gorau yn sefyll yn un rhes ar y Maes. Yn sefyll o'u blaenau, roedd Nobi a'r afr fenthyg.

Doedd bwch gafr yr hipis ddim byd tebyg i Bili – o ran pryd a gwedd na thymer. Câi Nobi gryn drafferth i'w gadw'n llonydd. Ond roedd hogiau Caernarfon i gyd yn heidio o gwmpas yr arddangosfa a thaflenni a gynhyrchwyd gan Seiont Pi-Âr yn cael eu rhannu i bob un. Roedd yn ddiwrnod llwyddiannus.

Rhoddai hyn gryn foddhad i Rhys a Gwendolyn oedd yn eistedd wrth fwrdd y tu allan i westy'r *Twr* yn gwylio'r cwbl.

Wedi dwyawr o sefyll efo'r afr aflonydd, roedd Nobi wedi cael digon. Allai o ddim mynd am beint – roedd o on diwti. Ond ym mhendraw'r Maes, roedd fan yn gwerthu cŵn poeth a chibabs. Rhoddodd Nobi'r afr yng ngofal corporal a cherddodd at y fan.

'Cibab, plîs, a digon o gig arno,' gorchmynodd Nobi.

Ac yn wir, mi roedd yna lympiau mawr o gig ar y pric. Ond wedi cnoi un neu ddau, teimlai Nobi nad oedd fawr o flas cig oen arno. Yn wir, roedd Nobi wedi bwyta cibabs ar draws y byd ac heb gael blas tebyg i hyn yn unlle. Ac yn waeth, roedd blewyn yn un o'r darnau cig. Tynnodd o allan a'i archwilio. Doedd o ddim byd tebyg i wlân dafad. Yn wir, roedd yn debyg iawn i flew gafr! A hwnnw'n flew gwyn. Fel . . . blew . . . Bili!

Edrychodd i mewn i'r fan ac yno'n gorchuddio sedd y

gyrrwr, roedd croen gafr gwyn.

'Bili! Dwi wedi byta Bili,' sgrechiodd Nobi ar draws y Maes.

Roedd dyn y fan wedi sylweddoli bod rhywbeth mawr o'i le. Neidiodd i'w sêt croen gafr a thaniodd yr injan. Erbyn hyn, roedd Nobi ar ei woci-toci.

'Terorists sboted. Platwns Ê, Bî and Sî – atac hot dog fan . . . '

12. Hwch drwy'r siop (Ta-ta Pi-Âr)

Rhys oedd gyntaf yn y swyddfa. Roedd pentwr o lythyrau'n ei ddisgwyl. Aeth trwyddynt yn frysiog. Bil, bil, stêtment, stêtment. Llythyr gan y banc. Dim pres . . .

Erbyn hyn, roedd Gwendolyn wedi cyrraedd.

'Dydi hi ddim yn edrych yn rhy dda eto bora 'ma, Gwen.'

Cydiodd Gwendolyn yn y llythyr oddi wrth y banc. Agorodd o. Yr un hen gân. Dros y gorddrafft a gytunwyd . . . rhoi arian yn y cyfrif. Dim mwy o sieciau . . .

Canodd y ffôn. 'I ti mae o. Ned Camal,' meddai wrth Rhys.

'Su mai Ned?'

'Dim yn rhy dda. Dydy dy jec di ddim 'di cyrra'dd eto bora 'ma. Mae'n rhaid bod yr indians wedi dal y poni egspres eto rhwng Cnarfon a Dyffryn Nantlla.'

'Ia . . . da iawn, Ned. Mae hi ar 'i ffordd, go iawn . . . ' meddai Rhys heb fawr o argyhoeddiad.

Ond roedd Ned wedi rhoi'r ffôn i lawr y pen arall cyn iddo orffen.

'Be 'dan ni am 'neud Gwen?'

'Dyw, paid â phoeni. Mae gynnon ni ddigon o waith, ac mae 'na lot ar y ffordd. Rhyw hicyp bach ydi hwn. Mae pob busnas yn 'i ga'l o.'

Eisteddai Gwendolyn yn ei chegin foethus oedd yn llawn cypyrddau o goed pîn hen gapel Salem a wynebau o lechen Dinorwig. Syllai i mewn i'w phaned o goffi. Roedd Derec ei gŵr allan yn yr ardd – fel oedd ei arfer ar ddydd Sadwrn, a dydd Sul, a dyddiau gwyliau . . . os nad oedd o'n gwylio rygbi neu bêl-droed ar y teledu. Roedd ei ardd yn werth ei gweld, meddai'r cymdogion. Roedd un wedi ei chymharu â Cew Gardens.

Daeth Derec i'r tŷ. 'Dwyt ti ddim wedi gorffen yn yr ardd 'na, byth?' gofynnodd Gwendolyn iddo.

'Do, Gwen. Mae hi'n iawn am dipyn rŵan.'

'Be am olchi'r Audi i mi?'

'Ymmm . . . dwi isio gair efo chdi i ddechra.'

Edrychodd Gwendolyn yn syn arno. Nid yn aml yr oedd Derec eisiau gair efo hi. Fel arall oedd hi fel arfer.

'Ia, wel. Be 'tisio dd'eud?'

'Ymm . . . ' Roedd Derec yn edrych yn anghyffyrddus ac yn amlwg doedd o ddim yn edrych ymlaen i ddweud beth oedd ganddo'i ddweud wrth Gwendolyn.

'Ymmm . . . dwi wedi cael dynes arall . . . '

Edrychodd Gwendolyn yn syn arno unwaith eto. Yna chwarddodd dros y lle. 'Chdi! Chdi, wedi cael dynes arall! Pwy gymrith di?'

Erbyn hyn, roedd wyneb Derec yn fflamgoch. 'Beryl . . . Beryl o Acownts . . . '

'Beryl Smith. Honno oedd efo gwallt seimllyd a dannedd drwg yn 'rysgol. Honno oedd gin flwmars nefi blw yn yr ha'. Honno oedd yn methu cael cariad.'

'Ond . . . ond mae ganddi hi un rŵan . . . Fi!'

Erbyn hyn, doedd Gwendolyn ddim yn gwybod beth i'w wneud – chwerthin ynteu crïo.

'A . . . a . . . mae hi'n symud i mewn i fan'ma i fyw hefo fi!' meddai Derec â phenderfyniad yn ei lais.

'I fan'ma!' gwaeddodd Gwendolyn ar dop ei llais. 'I fan'ma . . . aton ni!?'

'Na . . . dim aton *ni*. Ataf *fi*.'

'Chdi? I lle ti'n meddwl dwi'n mynd 'ta?' gofynnodd yn herfeiddiol â'i breichiau wedi'u croesi.

'Pam ei di . . . pam ei di . . . at . . . dy ffansi men? Mae gen ti ddigon ohonyn nhw yn dre 'ma. Dwi 'di cael dy hanas di hefo'r boi 'na o Poland, a'r . . . y boi hotel 'na . . . a'r . . . ffarmwr 'na . . . a'r . . . soldiwr 'na . . . a'r . . . '

Doedd gan Gwendolyn ddim ateb i hyn.

'A fi bia'r tŷ 'ma beth bynnag. Fi ga'th o ar ôl Mam . . . '

Taflodd Gwendolyn ei chwpan goffi i'r sinc ac aeth i fyny'r grisiau. O fewn hanner awr, roedd wedi llenwi naw swtcês a'u rhoi yr yr Audi. Rhoddodd glep ar y drws a cherddodd allan.

Roedd Gwendolyn wedi cael stafell yng ngwesty'r *Brython*. Stafell *en-suite* am bris un heb sinc – roedd hi'n gwsmer da iddyn nhw, wrth gwrs. Y bore canlynol, cyrhaeddodd y ddau'r swyddfa'r un pryd.

Canodd y ffôn. Doedd Rhys ddim am ei ateb.

'I chdi mae o,' meddai.

'Pwy sy'na?' gofynnodd Gwendolyn heb fawr o amynedd.

'Sian.'

Rhoddodd y ffôn i Rhys.

'Su' mai Sian?'

'Rhys, mae 'da fi newyddion i ti. Ddoi di draw i'r ganolfan?'

'Newyddion da?'

'Ie, newyddion da iawn. Tyrd mor fuan â gelli di.'

O fewn dim roedd Rhys i lawr yn y ganolfan gelfyddydau. Roedd Sian yn edrych yn ddelach nag erioed, ac yn amlwg yn hapus iawn ei byd.

'Wel?' gofynnodd Rhys ar ôl eistedd i lawr.

'Y fi wedi cal job newydd,' meddai â chyffro yn ei llais.

'Da iawn, Sian. Da iawn. Be ydy'r job?'

'Y fi wedi ca'l job cyfarwyddwr Canolfan Gelf Sblot yng Nghaerdydd!'

Syrthiodd calon Rhys. 'Caerdydd?'

'Ie, Caerdydd. Y brifddinas! Gwych te!'

Doedd Rhys ddim yn gwybod beth i'w ddweud. Roedd Sian

yn ei adael am Gaerdydd. Tybed allai o gael job yng Nghaerdydd? Y BBC efallai? Dim gobaith mul.

Roedd rhaid dweud rhywbeth. 'Da iawn. Pryd ti'n dechra?'

'Maen nhw isie fi ddechre'n syth. Wythnos nesa!'

'O.'

'Fydd rhaid i ni gael mynd am bryd o fwyd cyn i mi adael Caernarfon,' ychwanegodd Sian o weld nad oedd Rhys wedi gwirioni hefo'r newyddion.

'Bydd.'

Cododd Rhys o'r gadair. Cerddodd Sian ato. Rhoddodd ei braich amdano a rhoi cusan ar ei foch.

'Paid ag edrych mor ddigalon Rhys. Mi wnawn ni gwrdd 'to, mae'n siŵr.'

Cerddodd Rhys allan o'r ganolfan. Ar draws y Maes ac i gyfeiriad y swyddfa.

Ffyc-it!

Ac aeth yn syth i mewn i'r *Darian Fach*.

Rhyw hanner awr yn ddiweddarach, daeth Huw Cris i mewn.

'Be ti'n da yn fan'ma? Ti'n gynnar iawn,' meddai Huw gan roi arwydd i Sam y barman iddo dynnu dau beint.

'Sgin i ddim mynadd Huw. Mae dyn banc ar 'yn hola' ni. Mae pres yn slo'n dod i mewn . . . a . . . a . . . rŵan ma Sian 'di ca'l job yng Nghaerdydd.'

'Paid â phoeni. Doedd Sian a chdi ddim yn gariadon nagddach. Doeddach chdi ddim . . . yn . . . ' Dewisodd Huw Cris ei eiriau'n ofalus. ' . . . yn cysgu hefo hi.'

'Na, ond mi o'n i isio. A rŵan mae hi'n mynd i Gaerdydd, ac ella fydd gin i ddim job yn o fuan.'

'Duw, ga' i joban i chdi. Ga' i joban i chdi fel barman yma. Mae Sam yn deud o hyd bod hi'n job ca'l barman da. Mae gin ti ddigon o brofiad ochor yma i'r bar o leia.'

Cafodd Rhys bum peint efo Huw a phenderfynodd fynd yn ôl i'r swyddfa. Doedd ganddo ddim amynedd i hyd yn oed yfed cwrw.

Er iddo gael sawl peint yn y *Darian Fach*, gallai weld pan gyrhaeddodd y swyddfa bod rhywbeth o'i le. Cerddai Gwendolyn yn ôl ac ymlaen ar hyd y swyddfa â golwg bryderus ar ei hwyneb.

'Be sy Gwen?'

Ac er nad oedd ei leferydd yn glir, chafodd o ddim llond ceg gan Gwendolyn am fynd i yfed yn ystod y dydd.

'Mae'r rheolwr banc wedi bod ar y ffôn. Mae o isio i ni roi pres yn banc yn syth neu mae o'n mynd i'n cau ni i lawr.'

'Lle 'dan ni'n mynd i gael pres?' gofynnodd Rhys.

Dechreuodd Gwendolyn grïo. Eisteddodd ar y gadair swifl ac aeth Rhys ati i'w chysuro. Roedd wedi bod eisiau bod mor agos â hyn at Gwendolyn erioed, ond nid o dan yr amgylchiadau yma.

Roedd y Gwendolyn hyderus wedi diflannu. Ac yn ei lle roedd merch bryderus, ofidus oedd angen cysur.

'Dydy petha ddim mor ddrwg â hynna, Gwen?' ceisiodd ei chysuro.

'Ydyn maen nhw,' meddai gan ddal i grïo. 'Mae'n pres ni i gyd allan . . . A hyd yn oed pe baen nhw'n dod i mewn fory . . . mi fyddan nhw'n mynd yn syth i'r banc . . . a fydda . . . gynnon . . . '

Fedrai hi ddim cario 'mlaen. Mi roedd petha'n ddrwg iawn felly, meddai Rhys wrtho'i hun.

''Dwn 'im sut dwi'n mynd i allu codi 'mhen yn y dre yma byth eto. Dynas wedi methu. Byth yn cael gwahoddiad i bartïon Dic Llwynog a phobol bwysig Caernarfon. Byth . . . '

''Sa'n well i ti fynd adra at Derec. Fyddi di'n well wedyn Gwen,' awgrymodd Rhys.

'Does gen i ddim cartra . . . ' ac aeth y crïo'n waeth wrth iddi egluro bod Derec wedi ei thaflu o'r tŷ crand yn Ffordd Bangor i wneud lle i Beryl Acownts.

Roedd y crïo mor ddrwg fel na chafodd Rhys gyfle i sôn wrthi ei fod yntau wedi colli Sian.

O fewn deuddydd roedd Sian wedi bod ar y ffôn. Mi fysa'n well ganddi hi, meddai, wneud pryd bach o fwyd iddo yn ei fflat ym Maes y Môr yn edrych allan dros y Fenai. Doedd Rhys ddim yn siŵr os oedd o am dderbyn y gwahoddiad, ond doedd ganddo ddim i'w golli. Felly cytunodd i fod ym Maes y Môr erbyn hanner awr wedi saith.

Agorodd Sian y drws.

Haleliwia, meddai Rhys wrtho'i hun. Dwi yma o'r diwadd! Torrodd Sian ar draws ei freuddwyddion. 'Sycha dy draed cyn dod miwn Rhys.'

Ar ganol llawr pren y lolfa roedd soffa ledr. Roedd Sian wedi cerdded at wal gerrig y tu ôl i'r soffa, ac arni reseidiau o boteli gwin o bob lliw.

'Esu mae hi fath â *Liquor-Save* yma,' meddai Rhys gan anghofio am Sian am ennyd.

Agorwyd y botel gyntaf . . . a'r ail . . .

'Mae'r bwyd bron yn barod Rhys. 'Sa'n well i ni arafu ar y gwin. Mae 'da fi gregyn gleision o Abermenai i swper heno. Mi â i edrych os ŷn nhw'n barod.'

Tra bu Sian yn paratoi'r cregin, bu Rhys yn gorffen y botel win. Wedi peth amser, daeth Sian yn ôl i'r lolfa gyda dau blatiaid o gregyn gleision mewn garlleg a phlatiaid o fara.

'Ti 'di gorffen y botel 'na'n barod, Rhys?' gofynnodd.

'Do, neis iawn oedd hi hefyd.'

Agorodd Sian botel arall tra oedd Rhys yn edrych yn amheus ar y cregyn. Ond doedd o ddim am ei phechu a hithau'n noson olaf iddyn nhw.

'Mmm, mae'r cregyn 'ma'n fendigedig, yn dŷn nhw Rhys?'

'Y . . . y . . . mm . . . yndi . . . ' atebodd Rhys gan eu llyncu heb eu cnoi a gwthio llond llaw o fara ar eu holau.

Gyda chymorth glaseidiau o win gwyn, mi aeth y cregyn i gyd i lawr heb ormod o drafferth. Cafwyd rhywbeth pinc slwj i bwdin. Chofiai Rhys mo'r enw Ffrengig roddodd Sian iddo.

Wedi'r pryd aeth y ddau ar y soffa a Rhys yn ôl ar y gwin.

'Rhy-y-ys. Mae hi'n noson olaf i ni heno ond dyw hi?'

'Ydy, Sian. Ydy mae hi.'

'Wyt ti'n fy hoffi fi'n dwyt?'

'Ym . . . ydw . . . ers dechra . . . ers pan welis i chdi gynta . . . '

'Fi'n dy hoffi di hefyd Rhys, ond doeddwn i ddim isie i ni fod yn rhy seriys.'

'O ia . . . '

Dechreuodd Sian ei gusanu.

'Rhy-y-s. Fyset ti'n hoffi cysgu 'da fi heno? Gan ei bod hi'n noson olaf i ni 'da'n gilydd.'

'Heno! Y . . . yy . . . '

Cododd Sian ar ei thraed gan estyn ei llaw iddo a chododd Rhys yn eitha simsan o'r soffa. Arweiniodd o tuag at y stafell wely gan ei helpu pan gerddodd yn syth i ffrâm y drws.

Roedd y ddau yn y gwely mawr efo dillad pinc meddal. Dechreuodd y ddau gusanu. O, pam na fuasai hi wedi gadael iddo wneud hyn fisoedd yn ôl? meddai Rhys wrtho'i hun.

Ond wrth i'r ddau rowlio o un pen i'r gwely i'r llall, i fyny ac i lawr, yn ôl ac ymlaen, mi ddechreuodd pen a stumog Rhys droi.

Roedd Rhys ar ei bengliniau yn edrych i lawr ar Sian pan aeth yn oer drosto. Teimlodd fel pe bai rhywun wedi rhoi dwrn yn ei fol. Tynhaodd cyhyrau ei stumog a chwydodd alwyni o win gwyn a choch a chregyn gleision Abermenai a slwj pinc o Ffrainc . . . i gyd ar ben Sian.

'O Rhys! Rhys, wyt ti wedi wdi ar fy mhen i!'

Ond roedd Rhys wedi colapsio ar y gwely gyda ffrwd fechan o chwd yn rhedeg allan o ochr dde ei geg.

'Rhys! Rhys! Y mochin! Cer o'ma nawr!'

Gwthiodd gorff Rhys allan o'r gwely a disgynnodd yn swp ar y llawr ble chwydodd unwaith eto – y tro yma ar fat ethnig o ddwyrain Affrica.

Erbyn hyn, roedd Sian yn crïo dros y tŷ. Ond chlywodd Rhys ddim, roedd yn chwyrnu ar lawr yr ystafell. Caeodd Sian y drws ar ei hôl ac aeth i gysgu ar y soffa.

Pan ddeffrodd Rhys yn nhŷ Sian, doedd yna ddim golwg ohoni. Roedd wedi mynd i'w gwaith. Sleifiodd Rhys yn llechwraidd allan o'r fflat ac am ei gartref yn Twtil. Gwnaeth baned o goffi a thôst iddo fo'i hun cyn mynd i'r swyddfa.

Roedd Gwendolyn hithau wedi cael noson fawr. Roedd wedi bod yng nghwmni trafeiliwrs dillad isaf yng ngwesty'r *Brython*.

'Rwbath yn post bora 'ma Rhys?' gofynnodd yn syth pan gyrhaeddodd y swyddfa.

'Na dim ond stêtments a llythyra cas.'

'Waeth i ni gau'r swyddfa felly. Be 'ti am wneud Rhys?'

'Ella 'na i chwilio am job fel barman yn dre.'

'Wel, dwi'n mynd yn ddigon pell o'ma,' meddai Gwendolyn wedi ailfeddiannu'r hyder oedd wedi bod ar goll dros y dyddiau diwethaf. 'Efo 'nhalent i, galla i gael gwaith gydag unrhyw orsaf deledu. Teledu lloeren ydy'r dyfodol.'

Ar hynny, canodd y ffôn. Doedd yr un am ei ateb. Roedd Gwendolyn yn ofni rheolwr y banc a Rhys yn ofni i Sian ei ffonio am y llanast yn ei fflat.

O'r diwedd, cododd Gwendolyn y teclyn. Stanislav y cerflunydd oedd yno.

'Stanislav! O, Stanislav! Rydw i wedi bod yn disgwyl clywed gen ti ers misoedd . . . '

Gadawodd Rhys y ddau'n swsian ac yn ochneidio ar y ffôn ac aeth i'r *Darian Fach*. Roedd Huw Cris yno'n ôl ei arfer. 'Peint i Rhys,' meddai wrth Sam y barman.

'Gest ti hanas joban i mi, Huw?' gofynnodd Rhys cyn cydio'n ei beint.

'Sam, oeddat ti'n deud bo' chdi isio rhywun y tu ôl i'r bar 'ma. Neith Rhys 'ma i chdi? Mae o'n 'nabod y lle 'ma gystal â neb.'

'Fedri di dynnu peint?' gofynnodd Sam gan rythu arno.

'Y . . . fedraf,' meddai Rhys heb fawr o argyhoeddiad.

'Pryd elli di ddechra?' gofynnodd Sam.

'Unrhyw bryd.'

'Reit, tyrd yma saith o'r gloch heno 'ta.'

Cododd Rhys a Huw eu gwydrau ac yfed llwnc destun i'r ffaith bod Rhys wedi cael gwaith yn y *Darian Fach*.

Aeth Rhys yn ôl i'r swyddfa. Roedd Gwendolyn fel dynes newydd. Roedd sbonc yn ei cherddediad wrth iddi gerdded yn ôl ac ymlaen ar hyd y swyddfa. Llamodd at Rhys pan gyrhaeddodd, a'i gofleidio.

'Rhys! Rhys! Dwi'n mynd i fyw at Stanislav ym Mharis. Mae o'n artist in residens mewn oriel bwysig yno. Mae'n gwneud yn dda iawn . . . ac mae o isio fi fynd i fyw hefo . . . i fod yn asiant iddo.'

Rhoddodd gusan fawr wlyb ar foch Rhys.

Pam fod pawb ond yn ei gusanu pan maen nhw'n ei adael? gofynnodd Rhys iddo'i hun.

'Dwi'n mynd ato fory. Dwi wedi bod ar y ffôn efo'n cwsmeriaid ni'n dweud bod y cwmni'n symud i Baris . . . mwy o gyfle yno ac ati. 'Nei di roi unrhyw bres ddaw i mewn yn y banc a thalu'n cyflenwyr ni. Wedyn, mi fyddwn wedi gorffen pethau'n reit daclus. Mae gen i un neu ddwy o alwadau i'w gwneud, gei di fynd os tisio Rhys.'

'Ocê ta . . . a dwi wedi cael job fel barman yn y *Darian Fach*,' meddai ond chlywodd Gwendolyn mohono – roedd ar y ffôn unwaith eto hefo Stanislav.

Doedd Rhys ddim awydd peint arall ac yntau eisiau gweithio am saith, felly aeth am adref. Rhoddodd y goriad yn y drws, ond wnâi o ddim troi. Ceisiodd unwaith eto. Rhoddodd gic i'r drws . . . ac un arall. Ond agorai o ddim.

Roedd Sonia drws nesa' wedi clywed y sŵn. Daeth allan ag amlen yn ei llaw.

'Rhys, mae 'na foi wedi bod yma bora 'ma'n newid dy glo di, ac mae o wedi gadal yr enfilop yma i ti.'

Darllenodd Rhys y llythyr . . .

. . . os na fydd yr ôl-ddyledion rhent wedi'u talu erbyn . . .

Shit! Mi roedd y landlord wedi ei gloi allan am nad oedd o

wedi talu rhent ers wythnosau. Lle câi o aros rŵan? Doedd ganddo ddim arian i dalu rhent wythnos yma heb sôn am ôl-ddyledion. Roedd bron â chrïo . . .

Roedd Sonia wedi synhwyro fod rhywbeth mawr o'i le. Rhoddodd ei braich amdano. Doedd dim ots gan Rhys os oedd rhywun yn ei gweld yn ei gofleidio. Roedd o wedi cael wythnos uffernol, ac roedd o eisiau rhywun i'w gysuro. Hyd yn oed Sonia.

Eglurodd Rhys ei sefyllfa.

'Tyrd, tyrd efo fi i'r tŷ. Gei di banad gen i ac mi gei di aros efo fi.'

Wedi paned o de Sonia roedd pethau'n swnio'n well.

'Fydd dy fam ddim yn galw yma yn na fydd?' gofynnodd Rhys yn cofio'r celyn gafodd o ar draws ei din noson Dolig.

'Na, fydd Mam ond yn dod yma Dolig. Fydda i'n mynd i'w gweld hi bob wythnos.'

Edrychodd Rhys ar ei watsh. Roedd yn ddeng munud i saith. Rhedodd allan o dŷ Sonia ac am y *Darian Fach* . . .

'Fydda i adra tua hannar awr wedi unarddeg . . . '

Roedd hi newydd droi saith pan gyrhaeddodd Rhys y dafarn. Roedd Sam y barman yn disgwyl amdano.

'Lle ddiawl ti 'di bod?'

'Sori, Sam, fydda i ddim yn hwyr eto.'

'Na fyddi, neu fydd gen ti ddim job. Dos tu ôl i'r bar yna rŵan a dechreua werthu cwrw.'

Roedd Huw Cris a hanner dwsin arall yn eistedd wrth y bar. Chafodd Rhys ddim cyfle i ddweud fawr wrtho, bu raid iddo ddechrau tynnu peintiau. Doedd y cyntaf ddim yn rhyw lwyddiannus iawn. Ond erbyn y chweched, roedd y peintiau'n werth eu gweld, a'r cwsmeriaid wedi rhoi'r gorau i ofyn am beint o fferi licwid.

Ymhell cyn amser cau roedd braich dde Rhys yn brifo, ond parhau i dynnu peintiau fu raid. Edrychai Rhys ar y cloc bob chwarter awr a dynesai'r bysedd yn araf tuag at un ar ddeg.

'Taim jentlmen plîs,' gwaeddodd Sam gan roi winc i rhyw ddwsin oedd yn pwyso wrth y bar.

Caeodd Sam y drysau a'r llenni ac mi ddechreuwyd archebu mwy o beintiau. Edrychodd Rhys ar Sam ac ar y cloc, ond roedd yn amlwg ar wyneb Sam bod disgwyl iddo barhau i werthu cwrw nes unai bod y cwsmeriaid yn llawn neu'r casgenni'n wag.

A chyda phob peint y gwerthai, gan bod Rhys yn farman newydd, câi wydraid o wisgi gan y cwsmeriaid. A chan fod yna ddwsin o bobol wedi cael o leiaf chwe pheint ar ôl amser cau, prin bod Rhys yn gallu gweld y pwmp i dynnu'r peint olaf.

Wedi i'r cwsmer olaf adael, cychwynnodd Rhys am adref. Cafodd gryn drafferth i gerdded i fyny Twtil ond o'r diwedd cyrhaeddodd ddrws ei fflat. Aeth i'w boced ac estyn ei oriad ond doedd y drws ddim am agor a dechreuodd ei gicio.

Roedd Sonia wedi bod yn disgwyl amdano ac aeth allan ato.

'Rhys. Ti'n byw hefo fi rŵan. Ti'n cofio?'

Doedd Rhys ddim, ond be oedd yr ots. Roedd o eisiau gwely i gael cysgu ynddo.

Gafaelodd Sonia yn ei fraich a'i arwain i'w thŷ. Rhoddodd Rhys i eistedd ar y soffa a chynigiodd baned o de iddo. Ond cyn iddi allu gadael am y gegin, roedd Rhys ar ei bengliniau'n chwydu ar hyd ei llawr.

'Sori Son, sori . . . '

'Paid â phoeni. Dos di i dy wely. Ddo i fyny mewn dau funud.'

Safodd Rhys ar waelod y grisiau. Trodd ei ben a gwelodd Sonia ar ei gliniau'n tynnu'r lympiau chwd allan o'r *coco-matin* efo'i hewinedd . . .